KLEINE AUSZEITEN

MECKLENBURGISCHE
-SEENPLATTE-

AF196042

KLEINE AUSZEITEN

MECKLENBURGISCHE
-SEENPLATTE-

MARION LANDWEHR

WOCHENEND &
WOHNMOBIL

CAMPING- & STELLPLÄTZE · HIGHLIGHTS · AKTIVITÄTEN

BRUCKMANN

INHALT

◀ Natur zum Genießen! ▶ Wandern ist ein Highlight an der Seenplatte.

DAS LAND DER 1000 SEEN

Landschaftsparadies Mecklenburgische Seenplatte

Es sind mehr als 1000 Seen, aber wer will da schon mitzählen?

Die Mecklenburgische Seenplatte wird auch »Land der 1000 Seen« genannt – niemand wird alle zählen müssen, um festzustellen, dass es wirklich viele sind. Damit ist die Region ein Eldorado für Wassersportler, Hausbootfahrer – und Reisemobilisten! Mit dem Müritzsee (»Müritz« stammt aus dem Slawischen und bedeutet »kleines Meer«) im Zentrum, dem größten deutschen Binnensee, sind die sogar mehr als 1000 großen und kleinen Seen teils durch Flüsse und teils durch Kanäle miteinander verbunden.

Glasklare Seen, Backstein-Gutshäuser, Märchenschlösser, Mittelalterburgen, Klosteranlagen und eine Landschaft, wie sie ursprünglicher nicht sein könnte – die Mecklenburgische Seenplatte im Nordosten Deutschlands ist ein reizvolles Ziel. Überschaubar in ihrer Größe liegt sie im Herzen des Bundeslandes Mecklenburg-Vorpommern. Viele entzückende Orte bereichern die Seenplatte, meist versehen mit einer liebevoll restaurierten, fröhlich-bunten Altstadt irgendwo zwischen mediterran und skandinavisch, mit viel Fachwerk und herrschaftlichen Bauwerken.

Die Mecklenburgische Seenplatte ist das größte zusammenhängende Seengebiet Europas – zahlreiche Seen, Wasserstraßen und unberührte Landschaften sind das Markenzeichen der Region. Und was passt besser zu einer solchen Naturgewalt als ein Urlaub mittendrin? Meist fernab von Zivilisation und noch öfter am Ufer einer der vielen Seen befinden sich zahlreiche Campingplätze in allen Ausstattungsvarianten, Größen und Preisklassen. Was liegt also näher, als die Region mit dem Wohnmobil zu erkunden und tief einzutauchen in die Natur, die Kultur und die Geschichte Mecklenburg-Vorpommerns?

VIELFALT AN STELL- UND CAMPINGPLÄTZEN

Es ist schon angeklungen: Das Netz an Campingplätzen könnte kaum dichter sein. Es gibt keine Region, in der man nicht fündig wird. Naturnahe, einfache und höchst idyllische Plätze stehen in Konkurrenz zu richtigen Feriencamps mit einer umfangreichen Infrastruktur für längere Aufenthalte. Es gibt nicht viele größere Städte an der Mecklenburgischen Seenplatte, aber bei den vorhandenen finden sich auch grundsätzlich Wohnmobilstellplätze mitten im Zentrum. Das sind meist Parkplätze mit allem Komfort eines Stellplatzes; man kann das Wohnmobil stehen-lassen und die Stadt bequem zu Fuß erkunden. Zudem finden sich in den Zentren in den meisten Fällen auch wohnmobiltaugliche Parkplätze ohne Übernachtung – in ausreichender Größe und kostengünstig, wenn nicht sogar kostenlos.

Oft liegen die Stellplätze auch an einem Hafen und die Hafenmeisterei ist zuständig für die Plätze und die dazugehörige Infrastruktur. Diese ist fast immer vorhanden, man muss nur selten auf WC, Duschen und/oder Ver- und Entsorgungsmöglichkeiten verzichten. Wer darauf wert legt, steht autarker auf den Stellplätzen außerhalb der Städte.

Prinzipiell funktionieren die Campingplätze an der Seenplatte wie alle anderen deutschen Plätze auch. Es gibt nur wenige Besonderheiten, eine davon betrifft vor allem die Öffnungszeiten der Campingplätze: Es wird eine Mittagspause eingehalten, für gewöhnlich im Zeitraum 13 bis 15 Uhr. In dieser Zeit sind keine An- und Abreisen möglich, meist kommt man dann nicht einmal auf den Platz, sondern muss vor einer Schranke auf das Ende der Mittagsruhe warten oder aber später wiederkommen.

DAUERCAMPER

Vor allem die großen Plätze verfügen über eine stattliche Zahl von Dau-ercampern. Die Stellplätze für Übernachtungsgäste sind von diesen im Normalfall separiert. Aber auch manche kleineren Plätze bieten Bereiche für Dauercamper an; die attraktiven Stellplätze (direkt am Wasser bei-spielsweise) sind davon meist nicht betroffen.

Neben den ausgewiesenen Wohnmobilstellplätzen verfügen auch Cam-pingplätze über separate Wohnmobilstellplätze in Form von Wohnmobil-häfen vor den Schranken des Platzes. Die Infrastruktur kann dann mit entsprechendem Aufpreis mitgenutzt werden. Für Reisende mit kleinerem Camper, die abseits des Trubels eines großen Platzes stehen wollen, ist es eine gute Option, auf einem ruhig gelegenen Stellplatz zu stehen, aber alle Versorgungsmöglichkeiten, die man braucht und haben möchte, trotzdem in Anspruch nehmen zu können. Wer hingegen in seinem Wohnmobil autark unterwegs ist, hat gerade bei Kurztrips eher keinen Bedarf an diesen zu-sätzlichen Leistungen und findet mit der Lösung eines Wohnmobilhafens einen attraktiven, kostengünstigen Übernachtungsplatz.

Die meisten Stell- und Campingplätze befinden sich direkt am Wasser.

Die meisten Campingplätze sind sehr kinderfreundlich mit einem Spielplatz, einem Angebot für Kinder, einem Badestrand, einem kinderfreundlichen Sanitärbereich und ermäßigten beziehungsweise kostenlosen Übernachtungen. Auch Hundebesitzer können sich über ausgesprochen hundefreundliche Plätze freuen: Hunde sind nirgendwo verboten, kosten nur einen minimalen Übernachtungspreis, haben oft ausgewiesene Bereiche zur Verfügung und als Highlight einen Hundebadestrand. Die Menge an Reisemobilisten, die mit einem oder mehreren Hunden unterwegs sind, ist entsprechend groß.

WASSERSPORT AUF CAMPINGPLÄTZEN

An vielen Campingplätzen wird Wassersport angeboten, entweder durch einen platzeigenen Service oder durch einen Anbieter von Boots- und Kanuvermietungen, der von Paddleboards über Kanus, Kanadier und manchmal auch Bootsausflügen eine breite Palette an Wassersportaktivitäten bietet. Viele Plätze vermieten auch Fahrräder und E-Bikes oder informieren über nahegelegene Verleihe. Sie geben außerdem Auskunft über Rad- und Wanderwege.

Apropos Platzwart: Camper stoßen an der Mecklenburgischen Seenplatte fast ausschließlich auf sehr nette, hilfsbereite, äußerst gastfreundliche Betreiber und Platzwarte. Die meisten Plätze, auch die größeren, sind familiär geführt mit viel Herzblut und dem Bemühen, den Urlaubern einen schönen Aufenthalt zu bieten. Fast überall darf man sich seinen Stellplatz selbst aussuchen, sei es bei der Reservierung oder bei der Ankunft vor Ort. Eine Platzzuweisung ohne Berücksichtigung eigener Wünsche gibt es nur, wenn es in der Hochsaison nicht anders möglich ist. Für die meisten Platzwarte ist es eine Passion, in dieser wunderbaren Ecke Deutschlands Gäste zu unterzubringen.

Die Mecklenburgische Seenplatte ist ein beliebtes Ziel für all diejenigen, die einmal einen Hausbooturlaub ausprobieren möchten. Nun ist die Region aber auch ein Eldorado für Wohnmobilreisende. Die Entscheidung für eine der beiden Reisearten scheint also schwierig – ist aber keinesfalls unlösbar. Denn man kann beides miteinander kombinieren und kurzerhand sein Wohnmobil auf ein Floß stellen – und dann auf hoher See quasi in seinen eigenen und vertrauten vier Wänden mit seiner persönlichen Einrichtung herumgondeln. Immer mehr Anbieter auf Campingplätzen beziehungsweise in den größeren Städten bieten dieses Huckepack-Verfahren an. So hat man sein eigenes Zuhause dabei und kann die Seenlandschaft trotzdem von einem Boot aus erleben.

Viele Badestrände mit Mittelmeer-Flair

STRASSENVERHÄLTNISSE

Es ist sicherlich durchgeklungen: Die Mecklenburgische Seenplatte ist in Sachen Stell- und Campingplätzen ein Paradies für Reisemobilisten. Aber nicht nur in dieser Hinsicht. Auch die guten Straßenverhältnisse und die selbst für größere Wohnmobile positive Parkplatzsituation sorgen dafür, dass dem Urlaubsgenuss nichts im Wege steht. Breite und gut ausgebaute Überlandstraßen, meist als Alleen angelegt, haben nichts gemein mit den andernorts vereinzelt immer noch vorhandenen engen Alleen aus DDR-Zeiten, auf denen es

Per Boot unterwegs auf der Seenplatte

mit einem großen Reisegefährt keine Ausweichmöglichkeiten geben würde. Ganz kleine Orte sind oft noch mit holprigem Kopfsteinpflaster versehen – das macht das Fahren mit dem Wohnmobil laut und langsam, aber keinesfalls unmöglich. Ansonsten kann man uneingeschränkt durch jede Altstadt fahren, man kommt immer und überall gut aneinander vorbei und die Straßen sind nur selten so schmal, dass man nach – meist vorhandenen – Ausweichstellen schauen muss.

LANDSCHAFT FÜR NATURFREUNDE

Parken am Straßenrand ist vielerorts möglich, in größeren Städten gibt es für Wohnmobile ausgewiesene Parkflächen oder die Parkplätze sind an sich schon großzügig angelegt. Selten ist das Parken problematisch oder ganz unmöglich.

Auch das ist bereits angeklungen: Die Mecklenburgische Seenplatte ist sehr weitläufig und ländlich. Die wenigen größeren Städte entpuppen sich als Mittelstädte mit selten einmal über 50 000 Einwohnern. Insofern findet man immer gute Versorgungsmöglichkeiten in Form von Supermärkten und Tankstellen. Natürlich gibt es auch entlegene Campingplätze inmitten des Nichts, dann muss man ein Stückchen fahren oder sollte sich am besten vor dem Aufenthalt auf dem Platz entsprechend mit allem Nötigen eindecken, um dann den Aufenthalt vor Ort uneingeschränkt genießen zu können.

Die ländliche Prägung der Mecklenburgischen Seenplatte ist aber auch dafür verantwortlich, dass Ausflüge, Kurztrips und Urlaube in dieser Region eine so entspannte Angelegenheit sind. Wald- und Schutzgebiete zeichnen dieses Urlaubsgebiet aus, ein Nationalpark, vier Naturparks und unzählige Natur- und Landschaftsschutzgebiete sind die Garantie dafür, dass die Besucher die bemerkenswerte Natur intensiv kennenlernen und erleben können. Dabei ist die Region sehr flach, was eine ideale Voraussetzung für ausgedehnte Fahrradtouren ist. Auch Wanderer, die keine Bergziegen sind, fühlen sich wohl, können sie sich doch ohne viele schweißtreibende Höhenmeter ganz auf den Genuss der Landschaft konzentrieren.

SPORTANGEBOT AM WASSER

Was die sportliche Betätigung anbelangt, so wird an der Mecklenburgischen Seenplatte natürlich der Wassersport großgeschrieben – im Land der 1000 Seen ja nun auch nicht weiter verwunderlich. Neben Wassersportaktivitäten wie Kanufahren und Wasserwandern stehen Schwimmen, Tauchen oder das Manövrieren auf einem Stand-up-Paddleboard auf dem Programm. Etliche Verleiher an den Ufern sorgen dafür, dass man jederzeit die Möglichkeit hat, in See zu stechen. Aber auch perfekte Bedingungen für Segeln, Surfen und Kiten sind vor allem auf den Großseen gegeben. Daneben ist die Seenplatte ein Paradies für Angler. Ein Touristen-Fischerschein und eine

Angelkarte ermöglichen dieses Erlebnis auch für Nicht-Profis. Und wer die Seenplatte vom Wasser aus, aber ohne sportliche Betätigung erleben möchte, tut dies an Bord eines der vielen Fahrgastschiffe, die allerorts durch die Region schippern. Egal, wofür man sich entscheidet: Alles ist hervorragend in einen Trip mit Wohnmobil integrierbar.

Wasser, Natur und Tiere –
die Seenplatte ist vielfältig.

Abseits der Orte gelangt man schnell in ländliche Gefilde.

DAS HIGHLIGHT: MÜRITZ-NATIONALPARK

Die größte Berühmtheit innerhalb der Mecklenburgischen Seenplatte genießt der Müritz-Nationalpark. Gegründet 1990 ist es der flächenmäßig größte Nationalpark Deutschlands. Ein Nationalpark zeichnet sich durch einen großräumigen, überwiegend durch den Menschen nicht oder nur wenig beeinflussten Landschaftsraum aus. Die Landschaft soll geschützt und die ungestörten Naturabläufe sollen gesichert werden. Diesen Anspruch erfüllt der Müritz-Nationalpark auf einer Fläche von 322 Quadratkilometern und repräsentiert damit einen reizvollen Ausschnitt der vielgestaltigen Mecklenburgischen Seenplatte: Weite Wälder, zahlreiche Seen und Moore, sowie eine große Vielfalt seltener und gefährdeter Tier- und Pflanzenarten sind das Markenzeichen des Schutzgebietes, das vom Binnengewässer Müritz flankiert wird.

SCHLÖSSER UND GUTSHÄUSER

Eingebettet in die großräumige Mecklenburgische Naturlandschaft gibt es ein weiteres Charakteristikum für die Seenplatte und das sind die zum Teil märchenartigen Schlösser, mittelalterlichen Burgen und herrschaftlichen Gutshäuser. Letztere haben ihre eigene Geschichte: In Mecklenburg herrschte Ende des 18. Jahrhunderts der adlige Gutsbesitz vor, reine Bauerndörfer waren die Ausnahme. Stattdessen gab es Gutsdörfer, die aus einem Herrenhaus als Mittelpunkt und verschiedenen Wirtschaftsgebäuden um dieses Herrenhaus herum bestanden, außerdem aus den

Herrschaftliche Herrenhäuser findet man in fast jeder Ecke der Seenplatte.

Wohnbauten der Gutsleute, einer Kirche und einem oft weitläufigen Park. Und so findet man die ehemaligen Gutsdörfer auch heute noch vor. Restauriert und ansehnlich präsentiert, aber in ihrer Grundstruktur noch so, wie sie einmal angelegt waren.

Die Herrenhäuser und Schlösser sind zum Teil noch bewohnt, zum Teil kann man sie besichtigen, zum Teil sind sie zu Hotels umgebaut, wie zum Beispiel das Schlosshotel Klink an der Müritz. Im Gegensatz zu den Landsitzen der adligen Gutsherren dienten die Schlösser Mecklenburg-Vorpommerns ursprünglich als Residenzen der pommerschen und mecklenburgischen Herzöge, beispielsweise fungierten die Schlösser in Güstrow, Ludwigslust und Schwerin als herzogliche Wohnstätten. Insgesamt soll es um die 2000 Schlösser und Gutshäuser im heutigen Mecklenburg-Vorpommern geben – das sind doppelt so viel wie Seen, für die die Seenplatte ja vor allem berühmt ist …

ALTSTÄDTE VOM FEINSTEN

Nicht minder berühmt sind die lieblichen Dörfer und Städtchen mit ihren traumhaften Altstädten. Schon diese allein sind eine Reise wert. Herrlich und auch per Wohnmobil erfahrbar sind Fachwerk-Ensembles, Backstein-Bauernhöfe, historische Bauten und schick sanierte Altstadtbereiche. Kleinode wie das schnuckelige Teterow oder das malerische Basedow mit seinem weißgetünchten Traumschloss wetteifern mit mittelgroßen Städten wie Neustrelitz mit seinem maritimen Flair und dem hanseatischen Hafenbereich um die Gunst der Besucher.

Vor allem die Hauptstadt des Bundeslandes, Schwerin, punktet mit architektonischen Schmuckstücken wie dem Märchenschloss, das Sitz der Landesregierung ist, den hübsch restaurierten Verwaltungsgebäuden und der modernen Kultur- und Shopping-Szene. Sehenswert ist auch Waren, das touristische Zentrum der Seenplatte und Basisstation für den Müritz-Nationalpark. Im Kontrast dazu steht der Ort Stargard mit der gleichnamigen Mittelalterburg aus dem 13. Jahrhundert, der nördlichsten Höhenburg Deutschlands, die aussieht wie aus einer Filmkulisse. Die Mecklenburgische Seenplatte ist an sich schon ein wunderbares Ziel für Wohnmobilreisen – und es gibt noch ein Bonbon, das jeden Trip dorthin perfekt macht: die Gastfreundschaft und Herzlichkeit der Menschen. Immer hilfsbereit, aufgeschlossen und oft auch fröhlich-lustig haben die Menschen an der Seenplatte nur wenig gemeinsam mit der oft trockenen, hanseatischen Art. Schnell kommt man mit den Leuten ins Plaudern, sie sind zu Recht stolz auf ihr schönes Bundesland mit den attraktiven Zielen und die Älteren berichten gerne über die DDR-Vergangenheit der Region. Das ist aus erster Hand sehr informativ und interessant und bereichert jeden Ausflug an die Seenplatte zusätzlich. Um es zusammenzufassen: Die Menschen sind das i-Tüpfelchen einer fantastischen Region!

Farbenfroh leuchten die restaurierten Bürgerhäuser der Altstädte.

MÄRCHENSCHLOSS MITTEN IN SCHWERIN

Die kleinste Landes- hauptstadt Deutschlands

Das Schweriner Schloss – Sitz des Landtags und traumhaft schön

Es ist nicht nur die kleinste, sondern sicherlich eine der charmantesten Landeshauptstädte Deutschlands. Viel Fachwerk, viel Gründerzeit, eine schöne Altstadt und zahlreiche Seen prägen das Stadtbild Schwerins, dessen Highlight das prachtvolle Inselschloss im Schweriner See mit seinen goldenen Türmen ist.

Der malerische Sitz der Landesregierung – also Schloss Schwerin – ist nur eine der vielen Attraktionen der Hauptstadt Mecklenburg-Vorpommerns. Die liebevoll restaurierte Stadt bietet richtig was fürs Auge mit den imposanten Einrichtungen der Landesregierung, der Fußgängerzone und der umgebenden Seenlandschaft. Schwerin ist eine alte Verwaltungsstadt aus dem 19. Jahrhundert, weswegen wir heute die vielen wunderschönen Verwaltungsgebäude bewundern dürfen, die erhalten geblieben sind. Die meisten Wohnmobilstellplätze (zumeist Parkplätze) befinden sich im Stadtgebiet, sodass man das Fahrzeug nicht benötigt; aber auch von den etwas außerhalb gelegenen, charmanteren Stell- und Campingplätzen sind Schloss und Altstadt in einem erweiterten Spaziergang gut erreichbar.

SCHLOSS SCHWERIN

Malerisch prangt das Wasserschloss im Burgsee. Es ist das Wahrzeichen der Stadt. Seine goldenen Türme, Kuppeln und Zinnen glänzen in der Sonne. Die Renaissancekomponenten aus dem 16. und 17. Jahrhundert werden ergänzt vom Stil der Neorenaissance und ergeben die einzigartige Ansicht eines Traumschlosses. Ein Besuch der Mecklenburgischen Seenplatte ohne Schwerin ist alleine wegen dieses bedeutenden Bauwerks des romantischen Historismus nicht denkbar.

Mitte des 19. Jahrhunderts entstand die Residenz als Um- und Neubau einer älteren Schlossanlage. Dem Schweriner Baumeister Georg Adolph Demmler oblag die schwierige Aufgabe, verschiedene Baustile zu einem stimmigen Ganzen umzugestalten. Als Vorbild dienten ihm die französischen Renaissanceschlösser, insbesondere das Schloss Chambord an der Loire, woraus die Türmchen, Erker und die Schlossbrücke resultieren. Mit einem kleinen Zeitbudget genießt man das Schloss schon in hohem Maße, wenn man durch den Burggarten flaniert. Dieser Spaziergang ist kostenlos, führt einmal um das Schloss herum und präsentiert ständig neue Ansichten des Märchenschlosses und vor allem seiner barocken Gartenanlage. Bänke laden zum Verweilen und Genießen der traumhaften Szenerie ein. Auch die Schweriner Altstadt rückt immer wieder ins Blickfeld und bietet eine passende Hintergrundkulisse. Mittelpunkt der Schlossanlage ist die Orangerie mit der umgebenden Terrasse und den beiden marmornen Engeln. Im Sommer kann man im Orangerie-Café zu Kaffee, Tee und Kuchen einkehren.

Im südlichen Bereich des Schlosses gelangt man über eine historische Drehbrücke in den Schlossgarten. Er wurde im 19. Jahrhundert zu einem englischen Landschaftspark erweitert. Das Reiterstandbild von Großherzog Friedrich Franz II. beherrscht die Szene, ihm folgen ein Kreuzkanal, Skulpturen, ein Pavillon, ein Kavaliershaus und eine Freilichtbühne.

Im Museum des Schlosses kann man die Repräsentationsräume besichtigen – das sind vor allem der Thronsaal, die Ahnengalerie, die Gesellschaftsräume sowie die Wohn- und Prunkappartements. Es ist wie ein Streifzug durch die höfische Geschichte des Schlosses. Zum Museumseingang gelangt man über das Gartenportal an der Südseite des Schlosses. In den ehemaligen Wohnräumen befindet sich eine Dauerausstellung kostbarer Porzellane. Den besten Eindruck über das Innenleben des Schlosses verschafft man sich im Rahmen einer Führung, die täglich angeboten wird.

Schicker Straßenzug in Schwerin

Wer den Landtag besuchen möchte, wendet sich an den Besuchsdienst, der unter der Telefonnummer 0385/525 21 05 erreichbar ist (weitere Informationen unter www.landtag-mv.de). An der Nordseite des Schlosses befindet sich die Schlosskirche, der erste protestantische Kirchenbau Mecklenburgs. Auch die Schlosskirche wurde im Rahmen der Neugestaltung des Schlosses im 19. Jahrhundert umgestaltet beziehungsweise um einen Choranbau erweitert.

▲ Mit dem Wohnmobil in Schwerin ist kein Problem. ◄ Einkehr in der schönen Altstadt ► Pittoreske Schelfstadt, Stadtteil von Schwerin

ALTSTADT UND SCHELFSTADT

In der Altstadt Schwerins pulsiert das Leben. Das Herzstück ist der schöne, große Marktplatz mit dem Rathaus im Tudorstil und den herrschaftlichen Giebelhäusern. Straßenkünstler sorgen für Kurzweil, man kann ihren Darbietungen in einem der Straßencafés oder Restaurants zuschauen und zuhören. Ebenfalls am Marktplatz befindet sich die Touristinformation, bei der täglich um 11 Uhr eine öffentliche Stadtführung startet. Auch ohne geführte Tour ist der pittoreske Platz ein guter Ausgangspunkt für eine Stadterkundung – hinter dem imposanten, strahlend weißen Säulengebäude linst bereits die Spitze des Doms St. Marien und St. Johannis hervor, einer weiteren Attraktion Schwerins. Es ist eine evangelisch-lutherische Bischofskirche im Stil der Backsteingotik, die im Jahr 1260 erbaut wurde. Den knapp 120 Meter hohen Turm kann man besteigen und von dort oben den Blick über die Stadt schweifen lassen.

Das Einkaufserlebnis in der Schlossstadt spielt sich in der Fußgängerzone Mecklenburgstraße ab. Neben vielen Fachgeschäften finden sich hier Plätze, Straßencafés und historische Gebäude. Die Einkaufsstraße liegt südlich vom Pfaffenteich, um den herum sich ein Spaziergang lohnt. Dabei trifft man auf etliche beeindruckende historische Häuser aus dem 19. Jahrhundert, allen voran das burgartige Innenministerium Mecklenburgs in der südwestlichen Ecke des künstlichen Sees. Alternativ kann man den See mit der Pfaffenteichfähre »Petermännchen« befahren, ein besonders für Kinder attraktives Erlebnis.

Am Rande der Altstadt und gegenüber vom Schloss befindet sich das stattliche Staatliche Museum. Schon von außen höchst beeindruckend, kann man im Inneren die Werke bedeutender Künstler wie Rembrandt, Rubens oder Brueghel betrachten. Die Exponate decken die ganze Zeitspanne von der Antike bis zur Gegenwart ab und zeigen neben Gemälden und Zeichnungen auch Möbel, Waffen und Münzen sowie Kunsthandwerkliches wie beispielsweise eine große Sammlung Meißner Porzellan.

MIT DEM CHARME eines Wiener Kaffeehauses empfängt das Café Prag seine Gäste. Bei einem Mittagessen oder Kaffee und Kuchen oder Torten vom Konditor genießt man auf der Terrasse den Blick auf das Schweriner Schloss und andere imposante Gebäude. Schlossstraße 17, 19053 Schwerin, Tel. 0385/56 59 09, Montag–Freitag 8–19 Uhr, Samstag 10–19 Uhr und Sonntag sowie an Feiertagen 10–18 Uhr.

Noch mehr Fachwerk und noch mehr historischen Baubestand aus unterschiedlichen Epochen tun sich in der sogenannten Schelfstadt auf. Das ist ein Schweriner Stadtteil, der sich östlich an den Pfaffenteich anschließt und in dem die barocke Schelfkirche St. Nikolai, die Münzstraße mit ihren kleinen Läden und der Ziegenmarkt besonders sehenswert sind. Außerdem lässt es sich in den engen Gässchen entspannt shoppen.

Mittig zwischen Schelfstadt und Altstadt kann man das Wohnmobil auf dem Parkplatz am Stadthafen für 1 Euro pro Stunde beziehungsweise 8 Euro pro Tag abstellen (für einen Übernachtungsstellplatz bezahlt man 20 Euro zuzüglich Strom).

▲ Floße, Boote und kleine Yachten ankern am Hangar 19.
▼ Charmante Bootshäuschen am Ufer des Ziegelsees

Mecklenburg-Vorpommern ist berühmt für seine Bootshäuschen und -schuppen. Malerisch liegen diese in Reih und Glied an den Ufern der Seen. In Schwerin schmiegt sich eine besonders schöne Siedlung an das Ufer des Ziegelsees, etwas versteckt, aber unglaublich idyllisch und bei einer alten, allmählich zerfallenden Brauerei gelegen. Wenn man vom nördlichen Ende des Pfaffenteichs aus über die B104 Richtung Osten fährt, biegt man links auf den Schall-und-Schwencke-Weg ein, passiert die Ruinen der ehemaligen Brauerei, parkt das Wohnmobil und tastet sich zum Uferbereich mit den Bootsschuppen vor. Ein fotogener Anblick!

AUSFLUG NACH LUDWIGSLUST

Man ist versucht zu sagen: Noch ein Schloss? Das Schweriner Schloss ist ohnehin in seiner Schönheit nicht zu toppen! Dennoch lohnt sich der etwa 40 Kilometer weite Ausflug in die Kulturstadt Ludwigslust (12 300 Einwohner) auf jeden Fall. Mittelpunkt, Blickfang und Highlight des Ortes ist das Barockschloss, das ehemalige Residenzschloss der mecklenburgischen Herzöge. Das im Zeitraum von 1772 bis 1776 von Herzog Friedrich errichtete Schloss hatte Versailles zum Vorbild. Äußerlich ist es mit seinem reichen Figurenschmuck noch der Epoche des Barock zuzuordnen, weist allerdings Prägungen des Klassizismus auf.

Im Sommer finden von dienstags bis freitags um 14 Uhr Führungen statt, samstags, sonn- und feiertags jeweils um 11, 14 und 15 Uhr (im Winter samstags, sonn- und feiertags um 14 Uhr). Im Rahmen der Führungen werden die historisch möblierten und dekorierten Räume gezeigt, die einen Einblick in die Kunst und Wohnkultur am Hof des 18. und 19. Jahrhunderts bieten. Prachtstück ist der prunkvolle Goldene Saal, der sich über zwei Etagen erstreckt.

SCHLOSSPARK

Im Außenbereich geht es nicht minder prachtvoll zu. Ein riesiger Schlosspark, der als Landschaftsgarten angelegt ist, mit Mausoleum und aufwendigen Wasseranlagen, lädt hinter dem Schloss zum Spazieren und Verweilen ein. Vor dem Schloss gibt es ebenfalls eine Parkanlage mit einer 70 Meter breiten Kaskade samt Skulpturenverzierung, Teichen und mehreren kleinen Brückchen. Das Wasser hierfür und für die Wasserspiele im Schlosspark stammt aus dem Großen Kanal. Auch in diesem Park lässt es sich vortrefflich flanieren oder auf einer Parkbank sollte man unbedingt den Anblick des schönen Schlosses genießen.

Jedes Jahr Anfang August verwandelt sich der barocke Schlosspark in ein riesiges Festivalgelände. Unter dem Motto »Kleines Fest im großen Park« treten auf 20 Bühnen internationale Künstler auf, die Artistik, Akrobatik, Comedy und Puppenspiel aufführen. Informationen zum Termin findet man auf der Seite www.kleinesfest-gmbh.de/ludwigslust/kleines-fest.

Die Stadt Ludwigslust zeichnet sich durch ungewöhnlich breite Straßen mit Backsteinhäusern aus, die unter anderem Cafés und Läden beherbergen. Der Bereich um den heutigen Schlossplatz, die Schlossstraße und den Kirchplatz beherbergte ursprünglich die Häuser für das im Schloss angestellte Personal. Dieser historische Kern wurde nach der politischen Wende ab 1991 gründlich restauriert und erstrahlt nun in einem einladenden Gewand.

Mittelpunkt von Ludwigslust: das Barockschloss

Zwischen Stadt und Schlossbereich befindet sich ein gepflasterter Schlosshof, in den die Hauptstraße mündet. Die Kombination aus Schloss, Schlosspark und der umgebenden Stadt macht Ludwigslust zu einem attraktiven Ziel, das man bei einem Aufenthalt an der Seenplatte nicht verpassen sollte.

Wer nicht mehr zurück nach Schwerin fahren möchte, findet einen Stellplatz direkt beim Schloss und am Rande des Ortes auf einem Parkplatz. Die 7 Euro pro Nacht werden am Parkscheinautomaten entrichtet (zusätzliche Gebühren für Strom, Wasser und Entsorgung). Stellplatz am Schloss, Friedrich-Naumann-Allee, 19288 Ludwigslust, Tel. 03874/52 62 51.

AUF EINEN BLICK

Info

STADT/REGION: Schwerin, kreisfreie Landeshauptstadt
Mecklenburg-Vorpommerns
BESTE REISEZEIT: Ganzjährig
OPTIMALE REISEDAUER: 2–3 Tage
TOURISTINFO: Touristinformation Schwerin, Am Markt 14,
19055 Schwerin, Tel. 0385/592 52 12, info@schwerin.info,
www.schwerin.de

SEHENSWÜRDIGKEITEN

SCHLOSS SCHWERIN: Lennéstraße 1, 19053 Schwerin,
Tel. 0385/525 29 20, info@schloss-schwerin.de,
www.mv-schloesser.de/de/location/schloss-schwerin
STAATLICHES MUSEUM SCHWERIN: Alter Garten 3,
19055 Schwerin, Tel. 0385/58 84 72 22, www.museum-schwerin.de
DOM ST. MARIEN UND ST. JOHANNIS: Am Dom 4, 19055 Schwerin,
dom-schwerin@elkm.de, www.dom-schwerin.de
SCHLOSS LUDWIGSLUST: Schlossfreiheit, 19288 Ludwigslust,
Tel. 03874/571 90, info@schloss-ludwigslust.de

Wohnmobilhafen Hangar 19

WOHNMOBILHAFEN HANGAR 19

ADRESSE: Bornhövedstraße 95, 19055 Schwerin,
Tel. 0385/58 97 98 17, www.hangar-19.de
ANFAHRT: Von der Werderstraße bzw. B104 auf die Walther-
Rathenau-Straße abbiegen und von dieser nach links auf die
Bornhövedstraße.
GPS: N 53°38'15'', E 11°26'02''
Neuer, sehr empfehlenswerter Stellplatz direkt am Schweriner See.
Etwas teurere Premiumplätze in erster Reihe an der Hafenkante.
Gepflegte, sehr moderne Sanitäranlagen. Stromanschlüsse, wenig
Schatten, reservierbar. Mit Restaurant am Platz. Etwa 20 Minuten
Fußweg bis zur Altstadt. Betreiber und Personal sehr freundlich. Ein
Bäcker ist 500 Meter entfernt. Ruhige Lage in einer Sackgasse.

DER ANBIETER Tom Sawyer Tours hat Hausboot-Flöße
direkt am kleinen Hafen des Platzes liegen, mit denen man
auf Abenteuerreise gehen kann. Außerdem Vermietung von
Stehpaddel-Boards und Charterbooten. Beim Betreiber in
Planung ist ein SeeCamper.

FREIZEITANLAGE KASPELWERDER

ADRESSE: Am Erlenbruch 20, 19061 Schwerin, Tel. 0173/830 50 16,
freizeitanlage-kaspelwerder@gmx.de,
www.freizeitanlage-kaspelwerder.de
ANFAHRT: Südwestlich von Schwerin, von der L72 über die Straße
Mittelstelle und den Schulzenweg bis zum Abzweig der Straße am
Erlenbruch fahren.
GPS: N 53°63'40'', E 11°23'32''
Am Ostorfer See gelegener und nur drei Kilometer vom Zentrum
Schwerins entfernter Stellplatz auf dem Gelände einer Freizeitanlage
mit Gaststätte, großem Grillplatz, Bootsverleih und Badestelle mit
Liegefläche sowie teilweise Blick auf Schwerin. Gut geeignet für eine
Badeauszeit. Schattige Stellplätze mit Strom- und Wasseranschlüssen
sowie Entsorgung. Naturnahe Lage am See mit parzellierten Stellplätzen.

SYMBIOSE VON NATUR UND GESCHICHTE

Unterwegs im Naturpark Sternberger Seenland

Das Sternberger Seengebiet mit mehr als 90 Seen

Das Sternberger Seenland wird auch das Land der Durchbruchstäler, Fischer und Slawenburgen genannt. Dazu kommen die zahlreichen Seen, die Hügel- und Waldlandschaft, die Täler der Flüsse Warnow und Mildenitz sowie die vielen Freizeitmöglichkeiten, die Gegend zu erwandern oder mit dem Fahrrad zu erkunden.

Ein Aufenthalt im Sternberger Seenland mit dem gleichnamigen Ort Sternberg als Mittelpunkt ist nicht nur abwechslungsreich, sondern alle Ziele und Aktivitäten sind auch einfach und schnell erreichbar. Das bedeutet, dass man auch zwei kleinere Ziele an einem Tag unterbringen kann. Dies ist vom zentral in Sternberg gelegenen Campingplatz Sternberger Seenland aus problemlos machbar. Die Gegend eignet sich aber auch gut für ein verlängertes Wochenende oder gar einen Kurzurlaubsaufenthalt, da der Campingplatz direkt am Luckower See über einen eigenen Badestrand verfügt und in der Umgebung etliche Rad- und Wanderwege starten und vorbeiführen.

»MODELLEISENBAHNDORF« STERNBERG

Mit einer schnuckeligen Altstadt, viel Fachwerk, Kopfsteinpflaster und einem schick herausgeputzten Marktplatz mit Kirche, Rathaus und einem unwirklich schönen Postamt lädt Sternberg zu einem Stadtbummel ein. Gegenüber vom Rathaus kann man das Wohnmobil auf dem Parkplatz am Markt stehenlassen. Die restaurierten Gebäude stammen aus der Zeit zwischen dem 18. und 20. Jahrhundert. Hinter dem Marktplatz dominiert die Backsteinkirche St. Maria und St. Nikolaus (14. Jahrhundert) die Kulisse. Da die imposante Kirche über den Ort zu wachen scheint, wird sie von den Sternbergern liebevoll »Glucke« genannt. Von der 55 Meter hohen Aussichtsplattform aus hat man einen tollen Rundumblick über die Sternberger Seenlandschaft. Beim Hotel und Campingplatz Dreiwasser, noch ein Geheimtipp in der Region, gibt es ein öffentliches Strandbad. Hier kann man nicht nur im Sternberger See plantschen, sondern auch Kanus und Kajaks sowie Boote aller Art mieten. Wagemutige stürzen sich vom Sprungturm ins Wasser oder nehmen eine rasante Rutschabfahrt ins kühle Nass. Im Café Auszeit kann man sich stärken und der Campingplatz Dreiwasser bietet ein großes Angebot an Wasserfreizeit-Aktivitäten an.

WESTLICH des Campingplatzes schließt sich die Seepromenade an, der man entweder zu Fuß ein beliebiges Stück folgen und an kleineren Badestegen einen Sprung ins Wasser einbauen kann oder die man mit dem Fahrrad in beliebiger Länge befahren kann. Hübsche Wochenendhäuschen säumen das Seeufer.

SAFARITOUR MAL ANDERS

Hinter dem zunächst irreführenden Namen Kamelhof Sternberger Burg versteckt sich eigentlich eine Safari. Neben den Kamelen, nach denen der Hof benannt ist, leben Büffel, Bisons, Wölfe, Rentiere, Elche, Strauße und Pfaue hier – sie alle kann man im Rahmen einer eineinhalbstündigen, kommentierten Safari aus nächster Nähe betrachten, was mitunter eine Gänsehaut verursacht. Manche Tiere kann man dabei oder bei einer Wanderung über das Gelände auch anfassen. Von einem Traktor werden die Planwagen gezogen, auf denen die Besucher Platz nehmen und im Rahmen einer Tour über das weitläufige Areal kutschiert werden. Jede Tour wird individuell gestaltet mit der Möglichkeit, Fragen zu stellen.

Jedes Jahr stehen die Safaris unter einem neuen Motto, dann gibt es entsprechend zusätzliche Tiere zu sehen. 2019 war das Motto »Afrika« und diesem Rechnung tragend bereicherten Zebras, Antilopen und Elefanten die Safaritouren.

Die Fahrten finden ab Ostern je nach Wetter in den Ferien, an den Wochenenden und an Feiertagen immer um 15 Uhr statt. Ebenfalls ab Ostern und bis Ende Oktober kann man außerhalb dieser Zeiten das Gelände aber auch zu Fuß ablaufen und den Tieren nahekommen. Das Eintrittsgeld wird dann an einem Kassenautomaten entrichtet.

Neben dem Besuch der exotischen Tiere gibt es auch verschiedene geführte Wanderangebote, bei denen ebenfalls Tiere im Vorderrund stehen – beispielsweise auf einer Wolfswanderung in der Dämmerung, bei der man auf einem fünf Kilometer langen Weg durch das Warnower Durchbruchstal Wölfe beobachten kann. Außerdem werden Lama-, Rentier- und Kameltrekkings angeboten. Kanutouren und eine Gastronomie komplettieren das Angebot.

Um Jahrhunderte zurückversetzt fühlt man sich in Groß Raden.

EIN HIGHLIGHT und ein Muss in der Region ist der 3,8 Kilometer lange Rundweg durch das Warnow-Durchbruchstal. Naturbelassener geht es kaum: Der Rundweg führt auf schmalen Wegen und am wilden Fluss Warnow entlang durch das größte Durchbruchstal im Norden. Startpunkt ist der Parkplatz (Parken ist für Wohnmobile problemlos) am Naturschutzgebiet Warnow Mildenitz-Durchbruchstal bei Groß Görnow. Eine Infotafel am Ausgangspunkt informiert über die Besonderheit dieser Landschaft.

Der abwechslungsreiche Weg führt zunächst am Ufer entlang, vorbei an einer malerischen Holzbrücke und hinauf zu den Überresten einer alten Höhenburg. Durch Mischwald geht es oberhalb des Flussufers weiter, bis eine Schafswiese erreicht ist, Begleitet von der Warnow wandern Sie schließlich über Feucht- und Naturwiesen zurück in den Wald und ab der Brücke den bekannten Weg zurück zum Startpunkt. Unbedingt Badesachen mitnehmen!

ABENTEUERLICH ist eine Paddeltour durch das Warnow-Durchbruchstal. Wie im Dschungel gleitet man über den Fluss, der eingerahmt ist von hohen Hängen, umgestürzten Bäumen und Findlingen im Wasser. Das hierfür benötigte Kanu, Kajak oder Schlauchboot kann man bei Kanu Camp Hennig mieten, das sich direkt an den Flüssen Mildenitz und Warnow befindet (kanucamp-hennig.de).

HISTORIE TRIFFT NATUR

Ein Schmankerl ist das Archäologische Freilichtmuseum Groß Raden. In der Region fällt immer wieder der Begriff »Slawen« und anhand der ausgegrabenen slawischen Siedlung hier in der Abgeschiedenheit wird deutlich, was damit gemeint ist: Es handelt sich um eine ethnische Gruppe, die seit dem 6. Jahrhundert das östliche Mitteleuropa, Osteuropa und Südosteuropa bewohnt hat. Das Gelände des Freilichtmuseums sowie das Museumsgebäude mit seinen interaktiven und multimedialen archäologischen Ausstellungen bringt uns die Lebensweise der slawischen Warnower vor 1000 Jahren näher.

Während die Relikte der slawischen Siedlung aus dem 9. und 10. Jahrhundert freigelegt wurden, hat man die Burganlage anhand der Ausgrabungen rekonstruiert. Beeindruckend ist vor allem der weithin sichtbare Burgwall, der mit einem Durchmesser von 50 Metern auf einer Halbinsel thront.

In die Häuser und Werkstätten unserer Vorfahren kann man hineinschauen. Liebevoll und detailgetreu wurde das Leben der früheren Bewohner nachgestellt, manche Häuser kann man auch betreten, manche kann man nur von außen betrachten wie den Tempel. Besonders eindrucksvoll ist ein Besuch, wenn Motto-Veranstaltungen stattfinden. Das ist von Ostern bis Oktober der Fall, Themen sind dann beispielsweise wie 2019 Mittelalterlager mit Kochduellen.

Slawische Siedlungsanlage Groß Raden

Auf dem 15-minütigen, sehr schönen Spaziergang (1,3 Kilometer lang) vom Parkplatz zum Eingang der Siedlungsanlage (der Weg ist unterhaltsam versehen mit Infotafeln zu Flora und Fauna) passiert man das moderne Museumsgebäude, in dem neben einer informativen archäologischen Dauerausstellung ebenfalls Sonderausstellungen angeboten werden. 2019 ging es um Macht und Gewalt in der Bronzezeit.

Freilichtanlage und Museum gab es übrigens schon zu DDR-Zeiten. Prof. Dr. Ewald Schuldt befasste sich intensiv mit der Erforschung der slawischen Kultur und war maßgeblich für die Errichtung des Freilichtmuseums am heutigen Ort verantwortlich. Er war sowohl für das Konzept der Ausstellung als auch für die Modelle der zu errichtenden Bauten zuständig. Das Museum wurde 1987 eröffnet.

◀ Im Schlosspark Kaarz: geheimnisvolles Mausoleum neben
▶ Skurrilem und Kunst

ENTSPANNEN AM SCHLOSS KAARZ

Ein lohnenswerter Ausflug führt uns von Sternberg zum Schloss Kaarz. Eigentlich ein Herrenhaus, fungiert das prachtvolle Gebäude heute als Hotel mit Restaurant, ist ziemlich abgelegen und ist umgeben von einer wunderschönen Parkanlage, in der es sich herrlich entspannen lässt und zwar nicht nur in den bereitgestellten Liegestühlen – auch Nicht-Hotelgäste haben Zutritt. In die ehemalige Gutsanlage ist nicht nur alter Baumbestand eingebettet, sondern auch diverse Kunstobjekte, eine neugotische Kapelle und es gibt einen Rundwanderweg, der ausgeschildert und beschrieben ist. In einem interaktiven Parkplan des Hotels findet man die einzelnen Stationen im Park (www.schlosskaarz.de/schlosspark-parkplan.html).

Auf der anderen Seite der Ortsdurchfahrtsstraße befindet sich etwas versteckt ein Mausoleum (auf die Ausschilderung nach dem Ortsende achten). Man kann es zwar nicht betreten, aber durch die offene Tür hineinschauen. Das Schloss selbst, das im neoklassizistischen Stil erbaut ist, liegt auf einer Anhöhe.

AUF EINEN BLICK

STADT/REGION: Sternberg, Sternberger Seenland
BESTE REISEZEIT: April–Oktober
OPTIMALE REISEDAUER: 2–3 Tage
TOURISTINFO: Touristinformation Sternberg,
Am Markt 3, 19406 Sternberg, Tel. 03847/44 45 35,
www.tourismus.stadt-sternberg.de,
touristinfo@stadt-sternberg.de

SEHENSWÜRDIGKEITEN

STADTKIRCHE ST. MARIA UND ST. NIKOLAUS:
Am Markt, 19406 Sternberg
KAMELHOF STERNBERGER BURG: Dorfstraße 01,
19406 Sternberger Burg, Tel. 03847/31 10 71, service@kamelhof-
sternbergerburg.de, kamelhof-sternbergerburg.de
ARCHÄOLOGISCHES FREILICHTMUSEUM GROSS RADEN:
Kastanienallee, 19406 Groß Raden, Tel. 03847/22 52,
www.freilichtmuseum-gross-raden.de,
museum.gross.raden@kulturerbe-mv.de
SCHLOSS KAARZ: Obere Dorfstraße 6, 19412 Kaarz,
Tel. 038483/30 80

CAMPING-/FERIENPARK STERNBERGER SEENLAND

ADRESSE: Maikamp 11, 19406 Sternberg, Tel. 03847/25 34,
www.camping-sternberg.de, info@camping-sternberg.de
ANFAHRT: Die Straße Maikamp zweigt in Sternberg Richtung Süden
von der B104 ab. Dieser bis zum Campingplatz folgen.
GPS: N 53°42'48'', E 11°48'45''

Durchaus für längere Urlaubsaufenthalte geeignet ist der Platz mit
eigenem Badestrand am Luckower See, Vermietung von Tretbooten,
Kanus, Paddleboards und E-Bikes sowie Animationsprogramm sowohl für Kinder als auch für Erwachsene. Gute Versorgung mit einem
kleinen Laden und Brötchenservice. Auf der Homepage des Platzes
findet man Vorschläge für Kanutouren. Idealer Campingplatz für
Familien mit Hunden.

Noch ist er ein Geheimtipp: der Campingplatz Dreiwasser

Die parzellierten Plätze verteilen sich auf einen unteren Bereich nahe dem Wasser und sowohl sonnigen Plätzen als auch solchen am Wald und einen oberen Bereich mit Terrassenplätzen inklusive Seeblick. Vor der Schranke befindet sich ein Wohnmobilhafen mit Seeblick und Stromanschlüssen. Die Sanitär- und Duschanlagen des Campingplatzes können mitbenutzt werden. Die ruhige Lage wird ein wenig von der Nähe zu einer Motocross-Strecke und einem Schützenverein getrübt.

CAMPINGPLATZ DREIWASSER

ADRESSE: Johannes-Dörwald-Allee 3, 19406 Sternberg,
Tel. 03847/436 80 81, www.camping-dreiwasser.de,
info@camping-dreiwasser.de
ANFAHRT: Von der B104 auf die Seestraße zum Strandbad abbiegen, diese mündet in der Johannes-Dörwald-Allee.
GPS: N 53°42'57", E 11°49'53"

Ein Geheimtipp, weil es ruhig und beschaulich zugeht, ist dieser kleine, aber feine Platz direkt neben dem Strandbad von Sternberg. Man kann das Wohnmobil auf der Wiese hinstellen, wo man möchte, die Plätze sind nicht parzelliert und können reserviert werden. Im benachbarten gleichnamigen Hotel kann man essen (auch Frühstück möglich). Kinder sind ebenso willkommen (eigener Sandbereich) wie Hunde, die nach Absprache der Halter untereinander auch frei auf dem Gelände laufen dürfen. Platz mit eigenem Seezugang und einem Bootsverleih.

ALS BESONDERES BONBON bietet Käpt'n Bernd (erreichbar unter Tel. 0171/642 93 49) den Erwerb des Segel- oder Motorbootsführerscheins in der eigenen Segelschule während des Aufenthaltes auf dem Campingplatz an.

MITTELALTERLICHE STADTSTRUKTUR

In der einstigen Herzogsresidenz Güstrow

Das Renaissanceschloss dominiert das Zentrum von Güstrow.

Nicht nur ein weiteres bedeutsames Renaissanceschloss lockt zu einem Rundgang durch die Stadt Güstrow. Auch die historische Altstadt, der Dom, schnuckelige Cafés und Läden, etliche Grünanlagen sowie das eine oder andere etwas außerhalb gelegene Ausflugsziel machen einen Wochenendtrip nach Güstrow lohnenswert.

Die Stadt Güstrow kann man recht kompakt im Rahmen eines vorgeschlagenen Rundgangs kennenlernen. Dieser führt vorbei an allen Sehenswürdigkeiten. Es gibt darüber hinaus zwei Ziele außerhalb, einmal den Wildpark-MV und außerdem in Kuchelmiß die alte Wassermühle, an der eine tolle Wanderung startet.

HISTORISCHER ALTSTADTKERN

Mit viel Fachwerk und Backsteingotik punktet die Altstadt von Güstrow. Deren wunderbar restaurierte Bürgerhäuser rund um den Marktplatz in

farbenfrohen Gewändern leuchten regelrecht. Sie stammen aus unterschiedlichen Epochen und haben das klassizistische Rathaus aus dem Jahre 1800 als Mittelpunkt. Viele Cafés laden vor dieser Modelleisenbahnkulisse zur Einkehr ein, manche haben auch lauschige Kaffeegärten im Hinterhof, wie beispielsweise das traditionsreiche Café Küpper mit Kuchen aus eigener Herstellung. Auffällig ist, dass viele Banken und Versicherungsgesellschaften in der Altstadt angesiedelt sind – auch sie sind in sehenswerten Häusern untergebracht.
Zentral im Stadtgebiet liegt das Güstrower Schloss. Es gilt als architektonisches Juwel im

Sonniger Garten des Café Küpper

Nordosten, da es im Renaissancestil erbaut ist. Die Herzöge von Mecklenburg-Schwerin nutzten das Schloss ab Ende des 17. Jahrhunderts als Nebenresidenz. Nachdem es als Lazarett und Altenheim fungiert hatte, zerfiel es zusehends und wurde von 1963 bis 1978 umfassend restauriert. In den Gewölben im Untergeschoss beherbergt es ein Museum mit einer umfangreichen Sammlung von Kunstwerken aus Antike, Mittelalter und Renaissance, Malerei der DDR und zeitgenössischer Kunst; es ist einer der Standorte des Staatlichen Museums Schwerin. Am Schloss kann man gut parken, bis zu drei Stunden sogar kostenlos.

Auch der umgebende Schlossgarten ist im Renaissancestil gestaltet und bietet mit seinen schattigen Laubengängen, duftenden Lavendelbeeten und Wassergräben eine erholsame Auszeit. Überhaupt gibt es ungewöhnlich viele Park- und Grünanlagen im Stadtgebiet, durch die sich Kanäle und Bäche schlängeln.

Im südwestlichen Bereich der Altstadt ist der Dom St. Maria, St. Johannes Evangelista und St. Cäcilia weithin sichtbar. Der sakrale Backsteinbau stammt aus der Zeit zwischen Romanik und Gotik. So gewaltvoll er rein äußerlich erscheint, so prunkvoll erstrahlt er mit seinen Schnörkeln und viel Gold im Inneren sowie mit etlichen Schätzen aus dem 15. und 16. Jahrhundert, wie zum Beispiel den Apostelfiguren und dem Flügelaltar. Die bronzene Skulptur Schwebender Engel im Dom stammt von dem Bildhauer, Schriftsteller und Zeichner Ernst Barlach. Der Name taucht in Güstrow recht oft auf, weswegen man auch von der Barlachstadt spricht. Vom 44 Meter hohen Turm des Domes kann man auf den Marktplatz blicken.

Einige von Barlachs Skulpturen sind in der Gertrudenkapelle zu besichtigen. Das ist eine spätmittelalterliche Pilgerkapelle, die auf viele Arten genutzt wurde. 1953 wurde sie als erstes Ernst-Barlach-Museum in Güstrow eröffnet. Heute steht sie unter Denkmalschutz.

Bei der Touristeninformation gibt es einen Stadtplan, auf dem blau gestrichelt der Altstadtrundgang eingezeichnet ist, auf dem man die Altstadt am besten kennenlernt. Im Sommer wird auch täglich um 11 Uhr eine öffentliche Stadtführung angeboten, die bei der Touristeninformation startet.

▲ Ein Schlossgarten, ebenfalls im Renaissancestil, umgibt das Güstrower Schloss. ◄ Der mächtige Dom zu Güstrow ► Farbenfrohe Altstadt

Die Bootshäuschen am Inselsee sind in Vereinshänden und bewirtschaftet …

Spielt das Wetter mal nicht so mit, ist ein Besuch im Norddeutschen Krippenmuseum eine gute Option. Das ganze Jahr über haben hier Weihnachtskrippen aus aller Welt Saison. Manche sind aus ungewöhnlichen Materialien wie Brotteig oder Bananenblättern gefertigt.

REIF FÜR DIE INSEL

Nur einen Katzensprung von der Stadt entfernt hat Güstrow mit dem Inselsee etwas Besonderes zu bieten. Für Naturliebhaber, Radfahrer, Wanderer, Kanuten und Angler ist der See mit seinen vielfältigen Wassersport- und Freizeitmöglichkeiten sowie den Wander- und Radwegen ein Paradies. In der Mitte des Sees schwimmt eine kleine Insel, die Schöninsel – sie ist die Namensgeberin des Sees und durch eine Brücke mit dem Festland verbunden.

Ein Highlight sind die restaurierten Bootshäuser, ein Markenzeichen der Mecklenburgischen Seenplatte. Sie befinden sich an der westlichen Uferseite und sind von einem Badesteg aus gut zu sehen. Auf dieser Seeseite sind auch mehrere Ruder-, Segel- und Angelvereine angesiedelt, teilweise mit öffentlicher Gastronomie.

An der östlichen Seeseite spielt sich das Strandleben ab. Hier gibt es einen sehr großen Badestrand mit Liegewiese, Spielplatz und Beachvolleyballfeld. Ein romantisches Erlebnis ist es, hier die Sonnenuntergänge zu betrachten.

AN DER STRANDBADSEITE isst man lecker und auf einer Terrasse im Restaurant Strandhaus (mit Strandkörben) am Inselsee. Der Service ist hervorragend, das Ambiente toll und die Speisen sind abwechslungsreich – man sollte unbedingt einen Tisch reservieren! Heidberg 5, 18273 Güstrow, Tel. 03843/85 02 00, info@strandhaus-guestrow.de, www.strandhaus-guestrow.de.

TIERE UND NATUR AM STADTRAND

Auch zu Güstrow gehörend und ein bisschen außerhalb inmitten der Natur ist der Wildpark-MV, ein Ganztages-Ausflugsziel für Jung und Alt. Er befindet sich im östlichen Teil der Stadt. Der Fluss Trebel fließt durch den Wild- und Landschaftspark hindurch. Neben Luchsen, Wildkatzen, Bären und Wölfen als Bewohner der Raubtier-WG gibt es ein Naturaquarium zu

... während auf der anderen Seeseite Natur pur vorherrscht.

betrachten, in dem sich die Unterwasserwelt der Mecklenburgischen Seen-
platte tummelt. Ein begehbares Wildfreigehege und ein Streichelzoo sowie
alte Haustierrassen in einem Schau-Bauernhof (Schafe, Rinder, Gänse und
Kaninchen) komplettieren die umfangreiche Artenvielfalt der Bewohner.
Daneben kann man auf einem Bodenlehrpfad unter dem Motto »Subterra:
Der Erde unter die Haut geschaut« anhand von Infotafeln und interaktiven
Stationen Aspekte des Themas Boden kennenlernen. Wald-, Wiesen- und
Wasserwelten informieren über die heimische Flora und Fauna. Wanderwege, weitere Lehrpfade und Lehrbiotope tragen dem Naturgedanken
des Wildpark-MV ebenso Rechnung wie das Umweltbildungszentrum im
Eingangsbereich des 200 Hektar großen Parkgeländes. Im Rahmen von
geführten Erlebnistouren zu Fuß, mit dem Fahrrad oder Kanu kann man
die Landschaft im Wildpark noch intensiver erfahren.

Ein Highlight des Wildparks sind die Wolfswanderungen, die in
der Abenddämmerung stattfinden. Man erlebt die Wölfe fast
wie in freier Wildbahn, während man durch Höhlengänge und
über Brücken oberhalb des Wolfsgeheges geht. Dabei wird aus
dem Leben der Wölfe berichtet. Auch weitere Bewohner wie
Damwild, Wildschweine oder Luchse bekommen die Besucher
in ganz besonderer Abendstimmung zu Gesicht. Die Termine
findet man unter www.wildpark-mv.de/besuch-und-service/
veranstaltungen-und-fuetterungen.html.

AN DER WASSERMÜHLE Kuchelmiß startet eine wunderschöne Wanderung durch die reinste Natur des Naturschutzgebietes Nebel. Startpunkt ist die Mühle, ein technisches Denkmal aus dem Jahr 1791 im malerischen Backsteingewand, in dem heute ein Mühlenmuseum untergebracht ist.

Es gibt diverse Wegvarianten, aber die Markierung gelber Punkt bietet die meiste Abwechslung, während man geruhsam durch viel Wald und idyllisch am Fluss Nebel entlangwandert. Es geht über malerische Brückchen, vorbei an lauschigen Picknickplätzen, uraltem Baumbestand und überwachsenen Weihern. Unterwegs wird an Tafeln über das Naturschutzgebiet informiert. Es gibt sogar ein Natur-Kneipp-Becken mit Wissenswertem über Sebastian Kneipp. Einkehren kann man im Hofcafé mit Hofladen im Marstall, das einen halben Kilometer von der Wassermühle entfernt ist (geöffnet Samstag, Sonntag und Feiertag).

◀ Gänsehaut bei einer Begegnung mit Wölfen oder … ▶ … Meister Petz!

AUF EINEN BLICK

STADT/REGION: Güstrow, Landkreis Güstrow
BESTE REISEZEIT: Ganzjährig
OPTIMALE REISEDAUER: 2–3 Tage
TOURISTINFO: Güstrow Tourismus e.V.,
Franz-Parr-Platz 10, 18273 Güstrow, Tel. 03843/68 10 23,
info@guestrow-tourismus.de,
www.guestrow-tourismus.de

SEHENSWÜRDIGKEITEN

CAFÉ KÜPPER: Domstraße 15, 18273 Güstrow, Tel. 03843/68 24 85
**DOM ST. MARIA, ST. JOHANNES EVANGELISTA UND
ST. CÄCILIA:** Domplatz, 18273 Güstrow, Tel. 03843/68 24 33,
guestrow-dom@elkm.de, dom-guestrow.de/kontakt.html
GERTRUDENKAPELLE: Gertrudenplatz 1, 18273 Güstrow,
Tel. 03843/68 30 01, office@barlach-stiftung.de
NORDDEUTSCHES KRIPPENMUSEUM: Heiligengeisthof 5,
18273 Güstrow, Tel. 03843/46 67 44,
info@norddeutsches-krippenmuseum.de,
www.norddeutsches-krippenmuseum.de
WILDPARK-MV: Verbindungschaussee 1, 18273 Güstrow,
Tel. 03843/24 68 0, info@wildpark-mv.de, www.wildpark-mv.de

CARAVANPLATZ AM TIERPARK

ADRESSE: Verbindungschaussee 7, 18273 Güstrow, Tel. 03843/78 00,
hotel-am-tierpark@email.de, www.reisen-mecklenburg.de
ANFAHRT: Östlich des Stadtzentrums von Güstrow befinden sich
Hotel und Stellplatz direkt an der B104.
GPS: N 53°47'32'', E 12°12'55''
Der zum Hotel am Tierpark gehörende Platz hat deshalb eine besondere Klasse, weil das Hotel extra für Camper blitzsaubere Sanitäranlagen, Waschmaschinenraum mit Bügelbrett und sogar eine Sauna
anbietet. Auf einem Parkplatz mit Grasfläche stehen fünf Stellplätze
mit Stromanschluss vor einer Schranke zur Verfügung, hier hört man
die vorbeiführende Bundesstraße recht laut. Ab einer Dauer von zwei

Nächten kann man im abgetrennten, etwas schöneren und vor allem ruhigeren hinteren Bereich stehen. Das Hotel ist sehr hundefreundlich, es gibt eine Hundedusche und Hundehandtücher zur Benutzung. Die Wohnmobilgäste dürfen für einen Sonderpreis von 7,50 Euro am Frühstücksbüfett mitessen. Kostenloses W-LAN ist vorhanden, funktioniert aber nur in der Nähe der Rezeption.

◀ Luxus für Camper am Hotel ▶ Einfache Stellplätze im Zentrum

STELLPLATZ AM GLEVINER PLATZ
ADRESSE: Gleviner Platz, 18273 Güstrow, Tel. 03843/76 91 04, info@guestrow-tourismus.de, www.guestrow.de
ANFAHRT: Nur wenige Schritte östlich von Schloss und Schlossgarten. Anfahrt über die L17 und die Plauer Straße.
GPS: N 53°47'29'', E 12°10'47''
Es ist ein reiner Parkplatz mit wenig Charme, aber eine der beiden einzigen Möglichkeiten in Güstrow, mit dem Wohnmobil zu übernachten. Es sind auch nur drei Stellplätze vorhanden, diese sind kostenlos. Sie sind eben und verfügen teilweise über Schatten. Die Lage in unmittelbarer Nähe zur Altstadt ist jedoch gut und dafür ist es nachts auch relativ ruhig. Toiletten sind vorhanden und es gibt Frischwasser zum Auffüllen. Die Entsorgung des Chemie-WCs und die Benutzung der Toiletten sind kostenpflichtig.

IN DER MECKLEN-BURGISCHEN SCHWEIZ

Traumhafte Orte rund um den Malchiner See

Badesteg am Strand von Seedorf am Malchiner See

Ein eher flaches Gewässer ist der Malchiner See, dessen von dichtem Schilf bewachsene Ufer einheimischen Tierarten Schutz bieten. Ausgewiesene Badestellen, Bootsvermietungen und ein gutes Wander- und Radwegenetz sorgen für jede Menge Abwechslung. Der fischreiche See ist außerdem ein Eldorado für Angler.

Das Stillgewässer ist ein Flusssee, der mit dem größeren Kummerower See (siehe Nr. 5) durch den Fluss Peene und den Dahmer Kanal verbunden ist. Um den See herum findet man mit den beiden Orten Basedow und Teterow zwei entzückende historische Dörfchen.

SEE INMITTEN SANFTER HÜGELLANDSCHAFT

Eingebettet in eine endlos wirkende Kulisse aus Kornfeldern und der dahinter liegenden Hügellandschaft befindet sich der Malchiner See. Eine Fahrt entlang der grünen Alleen ist ein Genuss – der Weg ist hier das Ziel. Rund um den See ist Sommerfrische angesagt! Viele Seezugänge, kleine Gaststätten und Ferienhäuschen findet man am Ufer.

EMPFEHLENSWERT direkt neben dem CampingParadies Dahmen ist das Restaurant Zum Strandkorb Dahmen mit regionaler Küche direkt am See und am Badestrand mit Blick auf den Malchiner See. Seestraße 27, 17166 Dahmen, j.tutschi@web.de, zumstrandkorbdahmen.metro.rest

In Seedorf, an der östlichen Uferseite des Malchiner Sees, kommen die Einheimischen zum Schwimmen und Sonnen an den Kleinen Strand. Neben einem kleinen Sandstrand gibt es dort eine große, schattige Liegewiese und einen Badesteg. Die Badestelle ist ausgeschildert, das Wohnmobil kann man auf einem großen Parkplatz problemlos abstellen.

DEN MALCHINER SEE kann man auch mit dem Fahrrad umrunden. Hierfür sind 33 Kilometer und 253 Höhenmeter zu bewältigen, wofür man ungefähr drei Stunden benötigt. Dabei präsentiert sich die eiszeitlich geprägte Landschaft der Mecklenburgischen Schweiz besonders eindrucksvoll.

BILDERBUCHORT BASEDOW

Am Malchiner See liegt das reizvolle Dorf Basedow. Man könnte ins Schwärmen geraten, wenn man den Ort mit seinem weiß getünchten Märchenschloss, den pittoresken Herrenhäusern, dem herrschaftlichen ehemaligen Marstall, der Kirche aus dem 13. Jahrhundert und den aus dem Rahmen fallenden Cafés und Restaurants beschreiben möchte.

Blickfang Nummer 1 ist das Renaissanceschloss, das als Herrenhaus im 16. Jahrhundert auf den Resten einer mittelalterlichen Burganlage errichtet wurde. Ab 1839 ließ der Erbmarschall Graf Hahn sowohl das Herrenhaus, als auch das umgebende Dorf mitsamt den Wirtschaftsgebäuden umgestalten. 1891 wurden zum Teil Neorenaissance-Formen hinzugefügt. Nachdem gegen Ende des Zweiten Weltkriegs einige Gebäudeteile zerstört wurden, steht das Schloss seit 1951 unter Denkmalschutz. Seit 2004 besitzt ein privater Investor das Märchenschloss. Das Farbspiel der weiß-roten Fassade im Zusammenwirken mit den noch alten Komponenten macht das sehenswerte Schloss noch schöner.

Umgeben ist Schloss Basedow von einem herrlichen Landschaftspark, der seinesgleichen sucht. Dieser wurde im englischen Stil zwischen 1835 und 1852 von Gartenbaumeister Peter Joseph Lenné als »Ornamented Farm«, als »Geschmücktes Landgut«, angelegt und ist heute mit seiner Fläche von 200 Hektar der größte Landschaftspark Mecklenburg-Vorpommerns. Die grüne Parkanlage ist sehr gepflegt, weitläufig und mit Blumengarten, Baumgruppen, einem Rundweg und Wassergräben angelegt. Das Dorf Basedow ist in die Gestaltung mit einbezogen.

Die Gebäude um das Schloss herum sind ebenfalls herrschaftlich, viele erscheinen schlossähnlich mit burgartigen Giebeln im Neotudorstil. Besonders imposant ist der Marstall oberhalb des Schlosses. Dabei handelt es sich um ein traditionsreiches Gestüt des Ortes mit einer Reithalle im Mittelbau und den Stallungen in den beiden Seitenflügeln. Hier wurden die Basedower Rappen gezüchtet.

Die gesamte Komposition aus Park, Schloss und Dorf steht seit 1985 unter Denkmalschutz. Während der Park jederzeit frei zugänglich ist, kann man das Schloss nur im Rahmen von Führungen besuchen. Hierfür kann man sich an die Gästeführerin Christel Müller wenden, die unter der Telefonnummer 039957/201 50 erreichbar ist.

▲ Märchenschloss zu Basedow ▼ Unendliche Weite um den Malchiner See

Malerisch ist das alte Mühlenviertel von Teterow mit den restaurierten Gebäuden am Mühlensee.

Einen Blick auf die weite Landschaft kann man übrigens vom Aussichtsturm an der Basedower Höhe im Nordwesten des Ortes am Ufer des Malchiner Sees werfen.

Originell geht es zu im Bauernmarkt und Café Alter Schafstall. Mit dem liebevoll dekorierten Außengelände und dem bunten Ensemble an Verkaufsgegenständen (Cremes, Wurstwaren, Keramikfiguren, Liköre, Limonaden, Kleidung ...) im Innenbereich ist die Lokalität mit dem hausgemachten Kuchen und den leckeren deftigen Kleinigkeiten eine Institution des Ortes. Wargentiner Straße 7, 17139 Basedow, Tel. 03995/72 04 54, alter.schaftsall@t-online.de, www.alter-schafstall-basedow.de

HISTORISCHE STADT TETEROW

Teterow liegt im Herzen der Mecklenburgischen Schweiz im geografischen Mittelpunkt Mecklenburg-Vorpommerns und ist vor allem wegen seines restaurierten Mühlenviertels in der historischen Altstadt sehr sehenswert. Der Blickfang inmitten der Baudenkmäler ist das alte Feuerwehrspritzenhaus mit dem rekonstruierten Schlauchturm, das direkt am Mühlensee liegt. Umfunktioniert in ein Museum, kann man heute historische Löschfahrzeuge anschauen und sich ein Bild von der alten Löschtechnik machen. Das Museum kann jedoch nur nach vorheriger Anmeldung besucht werden.

DIE RESTAURIERTE alte Stadtmühle liegt direkt am Mühlenteich. Sie ist heute ein Restaurant, in dessen Außenbereich man nicht nur inmitten des historischen Viertels sitzt, sondern auch ausgezeichnetes, schmackhaft zubereitetes Essen mit guten lokalen Produkten genießen kann. Mühlenstraße 1, 17166 Teterow, Tel. 03996/15 23 00, stadtmuehleteterow@gmail.com, www.stadtmuehle-teterow.de

Ebenfalls Museumsluft schnuppern kann man im Stadtmuseum, das im Malchiner Tor untergebracht ist. Es behandelt auf vier Etagen im Rahmen von Sonder- und Dauerausstellungen die Stadtgeschichte Teterows. In einer Außenstelle im Ortsteil Teschow kann man eine alte Schmiede und ein historisches Backhaus mit Sondervorführungen besuchen.

Den historischen Stadtkern bildet das Rathaus im neubarocken Stil mit dem Marktplatz. Hier befindet sich auch das Wahrzeichen der Stadt, der Hechtbrunnen aus dem Jahr 1914.

Etwas außerhalb der Stadt ist die Burgwallinsel im Teterower See ein Kleinod in der Natur. Slawische Siedler errichteten auf ihr Ende des 9. Jahrhunderts eine Fluchtburg, deren Überreste heute noch zu sehen sind. Eine Fähre oder die Barkasse »Regulus« bringen Besucher von den beiden Anlegestellen Naturbad Teterower und Techower Strand auf die Insel. Dort kann man am kleinen Naturbadestrand schwimmen gehen, eine Inselwanderung unternehmen oder im Restaurant Burgwall Teterow einkehren. Erreichbar ist die Burgwallinsel von Ostern bis Ende September mit der Barkasse täglich außer Montag von 10.30 bis 17.30 Uhr. Montags nur per Fähre. Die Burgwallinsel wurde 2010 von der UNESCO zum schützenswerten Kulturgut der Menschheit erklärt.

Teterower See mit Burgwallinsel

▲ Historischer Stadtkern von Teterow mit Rathaus ◄ Blickfang Malchiner Tor
▶ Das alte Feuerwehrspritzenhaus im Mühlenviertel

AUF EINEN BLICK

STADT/REGION: Malchiner See/Mecklenburgische Schweiz und Kummerower See
BESTE REISEZEIT: Ganzjährig
OPTIMALE REISEDAUER: 1–2 Tage
TOURISTINFO: Touristinformation Teterow, Östliche Ringstraße (Malchiner Tor) 105, 17166 Teterow, Tel. 03996/17 20 28, tourist-info@teterow.de, www.teterow.de

SEHENSWÜRDIGKEITEN

SCHLOSS BASEDOW: Dorfstraße 102, 17139 Basedow, Tel. 039957/204 54
FEUERWEHRMUSEUM TETEROW: Pastor-Fiedler-Weg, 17166 Teterow, Tel. 0174/7 90 94 98, www.teterow.m-vp.de/feuerwehrmuseum-teterow
STADTMUSEUM TETEROW: Südliche Ringstraße 1, 17166 Teterow, Tel. 03996/17 28 27, www.teterow.m-vp.de/stadtmuseum-teterow
BARKASSE REGULUS: Am Seeufer, 17166 Teterow, Tel. 0157/54 49 43 22, www.teterow.m-vp.de/barkassenfahrten-teterow

Beste Lage: der Campingpark Seedorf am Malchiner See

CAMPINGPARK SEEDORF

ADRESSE: Campingplatz 1, 17139 Basedow OT Seedorf,
Tel. 039957/291 39, info@campingpark-seedorf.de,
www.campingpark-seedorf.de
ANFAHRT: Von Basedow Richtung Dahmen über die L20 fahren,
der Campingplatz ist nach rechts ausgeschildert.
GPS: N 53°40'50", E 12°37'49"

Der Naturcampingplatz liegt direkt am Malchiner See mit einem tollen
Seezugang inklusive einem weitläufigen Sandstrand. Es ist eine große,
gepflegte Anlage mit guter Ausstattung wie Bootsverleih, Badestrand
(kinderfreundlich, da flacher Wasserzugang), Hundestrand, Kinderspielplatz, kostenlosem W-LAN, Waschmaschine und Trockner sowie
einem Imbiss. Den Stellplatz kann man auf verschiedenen für Kurz-
urlauber ausgewiesenen Plätzen frei wählen. Ein Brötchenservice wird
auch an Sonn- und Feiertagen angeboten. Abgelegen und ruhig, bietet
der Platz vor allem Erholung.

CAMPINGPARADIES DAHMEN

ADRESSE: Am Erlengrund 1, 17166 Dahmen,
Tel. 039933/73 37 53,
campingparadies-dahmen@t-online.de,
campingparadies-dahmen.de
ANFAHRT: Von der Ortsdurchfahrtsstraße Dorfstraße auf die
Straße Am Erlengrund abbiegen, dann stößt man direkt auf den
Campingplatz.
GPS: N 53°39'41", E 12°35'06"

Tolle Lage direkt am Südufer des Malchiner Sees auf einem naturbelassenen Gelände mit nicht-parzellierten Plätzen und ausreichend
Schatten. Mit eigenem Badestrand, nahem Hundestrand, Fahrrad- und
Wassersportverleih und einem Kinderspielplatz. Im Kiosk gibt es täglich frische Brötchen, direkt an den Platz grenzt das Restaurant Zum
Strandkorb. Waschmaschine und Trockner sind vorhanden, ebenso
gepflegte Sanitäranlagen. Ein ruhiger Platz mit dennoch guter Ausstattung und schöner Atmosphäre. Gut funktionierendes W-LAN.

TOSKANAFLAIR AM KUMMEROWER SEE

Am Herzstück der Seenplatte

Landschaft zum Anhalten und Genießen am Kummerower See

Er hat nicht nur erstaunliche Maße – mit 33 Quadratkilometern ist der Kummerower See der viertgrößte See Mecklenburg-Vorpommerns und der achtgrößte Deutschlands – er hat auch einiges zu bieten: Wandern, Radfahren und Wassersport stehen an erster Stelle der Aktivitäten, aber auch Kultur- und Naturfreunde kommen auf ihre Kosten.

Der Kummerower See liegt im Naturpark Mecklenburgische Schweiz und Kummerower See. Ungewohnt hügelig geht es hier zu, dank der Erhebungen von bis zu 100 Metern genießt man auch mal erhöhte Ausblicke. Aber auch kulturreich geht es zu mit vielen Schlössern, Gutshäusern und Parkanlagen. Zwischen dem 17. und 19. Jahrhundert hat sich diese für Norddeutschland typische Gutsstruktur entwickelt. Außerdem ist das Gebiet bekannt als Rastgebiet für Zugvögel und es beherbergt die heimischen Adlerarten Schrei-, Fisch- und Seeadler.

RUND UM DEN KUMMEROWER SEE

Kanuten, Paddler, Surfer und Segler sowie Fans von Bootsausflügen finden ihr Eldorado auf und am Kummerower See. Die Blau-Weiße Flotte ist mit ihrer Barkasse »Forelle« von Dienstag bis Samstag auf dem See unterwegs, man kann unbegrenzt viele Aus- und Zustiege sowie Aufenthalte an Land planen. Am Nordzipfel des Sees findet man den Waterpoint Bootsverleih und die Kanustation Verchen.

Wanderer und Radfahrer können sich bei der Großen Schlössertour austoben, die 65 Kilometer lang ist und an Schlössern und Gutshäusern vorbeiführt. Die Runde lässt sich auf die Kleine Schlössertour mit 20 Kilometern verkürzen. Die Schlösser, die dabei auf dem Programm stehen, findet man unter www.mecklenburgische-schweiz.com/erlebnisse-und-aktivitaeten/schloesser-tour.

Ein zentraler Ort an der östlichen Seeseite ist Sommersdorf, ein heimeliger Badeort mit öffentlichem Strand beim gleichnamigen Campingplatz (siehe »Auf einen Blick«) und eingebettet in eine kontrastreiche Landschaft aus

goldenen Kornfeldern und dem tiefblauen, großen See im Hintergrund. Einsame Alleen durchziehen diese Idylle. Von der Snackhütte aus, die leckere Kleinigkeiten sowie Kaffee und Kuchen für den ausgehungerten Wanderer oder Radfahrer anbietet, hat man einen tollen Panoramablick bis zum See.

Zentral im Ort liegt das schmucke Gutshaus Sommersdorf, das heute im Besitz der Gemeinde ist. In einem Nebengebäude der teilrestaurierten Gutsanlage hat die Freiwillige Feuerwehr von Sommersdorf ihren Sitz. Zur Zeit des Nationalsozialismus war eine Bauernhofschule darin untergebracht. Im namensgebenden Ort des Sees, in Kummerow, ist das Schloss Kummerow im Stil des Spätbarocks die Hauptattraktion. Hier bestimmte das alte Adelsgeschlecht derer von Maltzahn die Geschicke der Menschen in Mecklenburg und Pommern – bis zur Weimarer Republik. Während der DDR-Zeit wurde es als Konsumverkaufsstelle, als Gaststätte und Grundschule genutzt.

Das Schloss beherbergt heute eine fotografische Sammlung, die besichtigt werden kann, außerdem finden jeden Samstag um 13.30 Uhr historische Führungen statt. Die halb zerfallenen und noch nicht restaurierten Wirtschaftsgebäude des ehemaligen Gutshofes im Kontrast zu dem hübsch wiederhergestellten Hauptgebäude machen im Moment noch einen besonderen Reiz aus, sie werden derzeit vom neuen Besitzer restauriert. Hinter dem Schloss bezaubert im Sommer ein riesiges Sonnenblumenfeld, dahinter befinden sich ein schöner Badestrand sowie ein »Friedhof der literarischen Gestalten«. Für den Besuch von Gutshaus und Strand gibt es einen sehr großen Besucherparkplatz.

EIGENWILLIGES KÜNSTLERDORF

Nur einen fünf Kilometer weiten Ausflug von Kummerow entfernt erreicht man mit dem Künstlerdorf Grammentin ein wenig beachtetes Kleinod. Holzskulpturen sind über den Ort verteilt, es gibt ein hübsches altes Feuerwehrhaus, eine Windmühle und eine imposante Backsteinkirche zu sehen und zahlreiche Wandmalereien zieren die Wände der Gebäude. Ein Gang durch den Ort ist absolut empfehlenswert, dabei sollte man die Augen offenhalten, um auch keins der mitunter zwischen Hühnern und freiem Feld versteckten Kunstobjekte zu verpassen …

▲ Alte Mühle in Grammentin ◄ Mächtig: die gotische Backsteinkirche zu Malchin ▶ Kalensches Tor

STADT MIT DEN VIELEN TOREN: MALCHIN

Auch wenn der Ortsname es anders vermuten lässt, liegt Malchin näher am Kummerower See als am Malchiner See. Mit Malchin erreichen wir einen Ort, der ausnahmsweise nicht durch seinen historischen Innenstadtkern besticht, sondern mit Wohnblöcken ein ganz anderes Stadtbild zeigt. Zwar sind diese zum Teil restauriert und farbenfroh gestaltet, allerdings gibt es auch ältere, nicht sehr ansehnliche Exemplare.

Doch auch hier finden sich höchst sehenswerte Ecken wie zum Beispiel das inzwischen schon mehrfach neu erbaute Rathaus mit einem hübsch mit Blumen geschmückten Vorplatz und Läden, Bäckereien, Banken, Cafés und Restaurants drumherum. Die gotische Backsteinkirche St. Johannis ist ein behäbiger Bau mit einem 67 Meter hohen Turm, der bestiegen werden kann.

Ohne jede Anbindung steht einsam das Kalensche Tor am Nordrand der Altstadt. Es ist ein ehemaliges Vortor und stammt aus dem 15. Jahrhundert. Eine Nachbildung eines weiteren Vortores aus demselben Jahrhundert ist das Steintor am Südrand der Altstadt. Als Gefängnis fungierte früher der Fangelturm, der ursprünglich als Wehrturm erbaut wurde. Schließlich sind heute auch die Reste der ursprünglich etwa zwei Kilometer langen Stadtmauer wieder instandgesetzt.

Malchin ist mit 7400 Einwohnern schon eine eher größere Stadt im Bereich der Mecklenburgischen Seenplatte.

◄ Die Ivenacker Eichen ► Gut informiert geht es auf dem Baumkronenpfad zu einer Aussichtsplattform.

BAUMRIESEN, TIERPARK UND WIPFELPFAD

Über 1000 Jahre alt und 35,5 Meter hoch ist die mächtigste Eiche, die sich im Ivenacker Tierpark befindet. Mit einem Umfang von mehr als elf Metern ist sie die volumenreichste Eiche Europas und ein solches Phänomen sollte man sich schon mal aus der Nähe anschauen. Die Ivenacker Eichen sind das erste Nationale Naturmonument Deutschlands – die mächtigen, knorrigen Baumriesen sind ein Beispiel für die sogenannte Waldweide (Hudewald), wie sie hierzulande im Mittelalter die Waldnutzung geprägt hat. Das Damwild und die alten Haustierrassen im Ivenacker Tierpark sind nicht nur schön anzusehen, sondern diese Tiere übernehmen heute auch die Aufgabe, den Wald zu beweiden. Während eines Rundgangs kann man die Tiere ganzjährig in freier Wildbahn beobachten. Auch bedrohte alte Haustierrassen wie das Turopolje-Schwein finden hier ein artgerechtes Refugium.

Eine noch neue Attraktion ist der 2017 eröffnete Baumkronenpfad, der auf einer Länge von 640 Metern stetig bergauf zu einer 40 Meter hohen Aussichtsplattform führt. Nicht nur Kinder sind für die Mitmachstationen auf dem Weg nach oben zu begeistern, bei denen die Besucher Wissenswertes über den Wald erfahren – Lebensphilosophien und ansprechend aufbereitete Informationen lassen auch die Erwachsenen lange brauchen für die Wendelrampe nach oben. Auf der Aussichtsplattform angekommen genießt man einen Panoramablick über die Baumkronen der uralten Eichen bis hin zum nahegelegenen Ivenacker See. Für Rollstuhlfahrer und Kinderwagen steht ein Aufzug auf die Plattform zur Verfügung.

Die Ivenacker Eichen sind ein Ganztagesausflug. Durch die komplette Anlage führt ein ausgebauter Rundweg von etwa zehn Kilometern Länge. Auf einem Naturerlebnispfad lernen Jung und Alt die Natur spielerisch kennen. Es gibt eine Sagenstation mit Mythen aus Ivenack und einen restaurierten Barockpavillon, der eine interaktive Dauerausstellung beherbergt.

 **ERFAHRENE FÖRSTER** bieten nicht nur Führungen durch das 70 Hektar große Gelände an, sondern auch Veranstaltungen für die ganze Familie über das ganze Jahr verteilt, in deren Rahmen man den Wald kennen- und schätzen lernt und sehr intensiv erlebt.

ABSTECHER VOM AUSFLUG

Da Camping- und Stellplatz am Kummerower See beziehungsweise in Malchin von hier aus schnell erreicht sind, ist anschließend an den Besuch der Ivenacker Eichen noch ein Spaziergang in den Ort Ivenack unterzubringen (vom neuen Parkplatz aus fußläufig erreichbar ist das Schloss, das gerade restauriert wird).

Ebenfalls nur einen Katzensprung von fünf Kilometern von den Ivenacker Eichen entfernt liegt der Ort Stavenhagen mit einem Schloss, das eindrucksvoll auf einem Hügel thront und von einer sehr schönen Grünanlage umgeben ist. Das Schloss grenzt direkt an den hübschen Innenstadtkern mit dem schon rein äußerlich sehr schicken Fritz-Reuter-Literaturmuseum. Alles hier im Ort dreht sich um den Schriftsteller der niederdeutschen Sprache, der hier geboren wurde.

AUF EINEN BLICK

STADT/REGION: Kummerower See/Mecklenburgische Schweiz und Kummerower See
BESTE REISEZEIT: April–September
OPTIMALE REISEDAUER: 2–3 Tage
TOURISTINFO: Stadtinformation/Touristinfo Malchin, Am Markt 1, 17139 Malchin, Tel. 03994/64 01 11, stadtinfo@malchin.de, www.amt-malchin-am-kummerower-see.de

SEHENSWÜRDIGKEITEN

SCHLOSS KUMMEROW: Dorfstraße 114, 17139 Kummerow, Tel. 039952/23 51 80, post@schloss-kummerow.de, schloss-kummerow.de
SNACKHÜTTE SOMMERSDORF: Kummerower Weg 17, 17111 Kummerow, Tel. 01511/738 24 12
STADTKIRCHE ST. JOHANNIS: Schweriner Straße 5, 17139 Malchin, Tel. 03994/29 94 65, www.st-johannis-malchin.de
IVENACKER EICHEN: Tiergarten 1, 17153 Ivenack, Tel. 039954/216 32, www.wald-mv.de/Forstaemter/Stavenhagen/Nationales-Naturmonument-Ivenacker-Eichen
FRITZ-REUTER-LITERATURMUSEUM: Markt 1, 17153 Stavenhagen, Tel. 039954/210 72, literaturmuseum@stavenhagen.de, www.fritz-reuter-literaturmuseum.de

CAMPING- UND WOHNMOBILPARK SOMMERSDORF

ADRESSE: Am Hafen 2, 17111 Kummerow, Tel. 039952/29 73, info@camping-sommersdorf.de, www.camping-sommersdorf.de
ANFAHRT: Die B104 bis Malchin fahren, dann der Beschilderung Richtung Kummerow/Sommersdorf folgen.
GPS: N 53°47'55", E 12°52'33"

Der Platz bietet ein großes Areal mit tollen Stellplätzen in der ersten Reihe am Ufer des Kummerower Sees. Neben einem eigenen Badesandstrand sorgt ein umfangreiches Freizeitangebot (auch für Kinder) dafür, dass der Platz durchaus für einen längeren Aufenthalt geeignet ist. Morgens gibt es im gut sortierten Laden Brötchen (Vorbestellung nötig). Der Wasserverbrauch wird centgenau abgerechnet (auch das Wasser fürs Spülen). Trotz der Größe des Platzes ist es sehr ruhig. Vor der Schranke befindet sich ein Wohnmobilstellplatz mit sehr schönen, schattigen, durch Bäume voneinander abgetrennten Plätzen – aber ohne Versorgung und Infrastruktur. Die Einrichtungen und Versorgungsmöglichkeiten des Campingplatzes können gegen entsprechenden Aufpreis mitbenutzt werden, dann allerdings zahlt man fast denselben Preis wie auf dem Campingplatz selbst.

◀ Am Campingplatz Sommersdorf ▶ Stellplätze Malchiner Kanuclub

STELLPLATZ MALCHINER KANUCLUB
ADRESSE: Am Kanal 4, 17139 Malchin, Tel. 03994/23 94 68, info@malchiner-kanu-club.de, www.malchiner-kanu-club.de
ANFAHRT: Im Zentrum von Malchin an der B104 gegenüber des Supermarktes Netto in die Straße Am Kanal fahren. Der Stellplatz folgt gleich linker Hand.
GPS: N 53°44'39", E 12°46'01"
Acht Reisemobile passen auf den Stellplatz der Marina am Ortsrand von Malchin. Teilweise schattiger Platz auf festem Wiesenuntergrund mit Stromanschlüssen, Ver- und Entsorgung, Sanitäranlagen, kostenpflichtigen Duschen und kostenpflichtigem W-LAN. Waschmaschine und Trockner stehen ebenfalls zur Verfügung. Der Platz ist sauber und sehr ruhig, liegt idyllisch in Flussnähe und auch Einkaufsmöglichkeiten sind nicht weit entfernt. Ein freundlicher Platzwart (der Hafenmeister) macht den Aufenthalt auf dem kleinen, gepflegten Platz noch angenehmer.

VIELFALT IN DER GROSSEN STADT

Neubrandenburg im Kontrast zur Mittelalterburg

Im Mittelalter gelandet ist man bei der prächtigen Burg Stargard.

Die Stadt Neubrandenburg ist modern mit einem großen touristischen und kulturellen Angebot. Das Umfeld ist vielfältig und bietet auch genug Abwechslung für einen längeren Aufenthalt. Neubrandenburg liegt am großen Tollensesee mit einem umfangreichen Freizeitangebot und einer reizvollen Umgebung.

Auch wenn man genug Zeit in und um die Stadt verbringen kann, lohnt sich zudem der eine oder andere Abstecher in die nähere Umgebung. Von den Stellplätzen Neubrandenburgs aus ist es nur eine kurze Fahrdistanz zur Höhenburg Stargard, einer einmalig schönen Mittelalterburg, die ein extremes Kontrastprogramm zur modernen City bietet.

VIER-TORE-STADT NEUBRANDENBURG

Zwei Dinge fallen ins Auge, wenn man Neubrandenburg besucht: Die erstaunlich gut und fast vollständig erhaltene Stadtmauer mit Wallanlage, die das Stadtzentrum kreisförmig umringt, und die in diese Mauer integrierten, sehr fotogenen Wiekhäuser. Diese dienten früher der Verteidigung – die in die Stadtmauer eingebauten Häuschen sind stadtseitig offen und verfügen nach außen über Schießscharten, von denen aus Feinde abgewehrt wurden. Später dienten sie als Unterkünfte für die Armen. Heute sind einige sehr ansehnlich und in Fachwerkbauweise restauriert und beherbergen öffentliche Einrichtungen, Kunstwerkstätten, kleine Läden und Gaststätten.

ENTLANG der mehr als zwei Kilometer langen und durchschnittlich sieben Meter hohen Stadtmauer führt ein auf braunen Schildern ausgewiesener »Historischer Stadtrundgang«. Infotafeln, in regelmäßigen Abständen eingebaute Wiekhäuser und kleine Restaurants und Cafés bereichern den ungewöhnlichen Rundgang. Alternativ kann man den Grünstreifen entlangflanieren, der außen an der Stadtmauer entlangführt.

Warum trägt nun Neubrandenburg den Beinamen »Vier-Tore-Stadt«? Man ahnt es – innerhalb der Stadtmauer sind vier stolze Tore erhalten geblieben, sie sind sowohl Wahrzeichen als auch die Attraktion Neubrandenburgs. Die backsteingotischen Tore sind weithin bekannt; zwei davon befinden sich an der Ostseite der Stadt und je eins an der Süd- und der Westseite. Im Treptower Tor ist das Regionalmuseum Neubrandenburg mit einer Ausstellung zur Ur- und Frühgeschichte untergebracht. Es ist das repräsentativste und höchste der Tore Neubrandenburgs. Erbaut um 1400 spiegelt es den Wohlstand der mittelalterlichen Stadt wider.

Das Neue Tor ist das jüngste, das Friedländer Tor das älteste Exemplar. Neun weibliche Figuren schmücken das Stargarder Tor.

Jedes Jahr Ende August/Anfang September wird in Neubrandenburg das Vier-Tore-Fest zelebriert. Neben mehreren Musikbühnen, Mitmach-Programmen, Modenschauen und Shoppingangeboten gibt es ein großes kulturelles Angebot. Datum und Informationen zu der Veranstaltung findet man unter www.vznb.de/ausstellungen-messen-feste/vier-tore-fest.

Im starken Kontrast zur Stadtmauer, die als mittelalterliche Wehranlage fungierte, steht der 1998 komplett sanierte und sehr nüchterne Marktplatz mit seinen zahlreichen Shops und Läden aller bekannten Ketten, dem Marktplatz-Center und dem freistehenden, markanten Hochhaus, das die Neubrandenburger »Kulturfinger« nennen. Diese Bezeichnung rührt von seiner Bedeutung als kulturelles Zentrum mit Mal-, Foto- und Bastelateliers während der DDR-Zeit. Heute kann man in dem auf zwei Etagen verteilten Turmcafé-nb die Aussicht aus der Vogelperspektive bei Kaffee und Kuchen genießen.

Fußgängerzonen mit weiteren Einkaufsmöglichkeiten befinden sich in der Treptower Straße sowie in der Turmstraße, der Wartlaustraße und der Stargarder Straße. Weniger häufig trifft man auf Cafés und Restaurants – hier ist die Einkehr in eines der Wiekhäuser, beispielsweise das beliebte Wiekhaus 45, eine Empfehlung.

In dem modernen, fast etwas sterilen Innenstadtbereich mit den breiten Straßen und den zahlreichen Geschäften nimmt sich die Konzertkirche St. Marien aus dem 13. Jahrhundert etwas fehl am Platz aus, zumindest was die äußere Backsteingotik anbelangt. Im Innenbereich sieht das mit dem vielen Glas, Beton, Stahl und Holz schon wieder ganz anders aus.

▲ Modern präsentiert sich die Innenstadt Neubrandenburgs.

◀ Stargarder Tor ▶ Neubrandenburger Jazzfrühling

Nach der Zerstörung der 1298 geweihten Kirche im Zweiten Weltkrieg dient die wiederaufgebaute Pfarrkirche heute als Konzerthalle der Neubrandenburger Philharmoniker.

JÄHRLICH IM MÄRZ findet in der Konzertkirche und an anderen Spielorten der Stadt der Neubrandenburger Jazzfrühling statt. Von einer kleinen, überschaubaren Veranstaltung hat sich dieses Event inzwischen zu einem bekannten internationalen Festival für Jazz mit Künstlern aus aller Welt gemausert. Infos unter www.jazzfruehling-nb.de

Neubrandenburg ist mit 96 000 Einwohnern nach Rostock und Schwerin die drittgrößte Stadt Mecklenburg-Vorpommerns. Innerhalb der Stadtmauern ein Wohnmobil zu parken ist nicht ratsam. Außerhalb stehen jedoch ausreichend große und kostengünstige Parkflächen zur Verfügung. Eine davon ist der Parkplatz Weidenweg nahe dem Stargarder Tor am südlichen Zugang zur Stadt.

Grün wird es Richtung Tollensesee (siehe Nr. 7) im Kulturpark Neubrandenburg, der die Innenstadt mit dem See verbindet. Die Parkanlage gehört zur Erholungslandschaft Tollensebecken und erwartet die Besucher mit Strandbädern, Themengärten, Spielplätzen, Bootsverleih, einem Tiergehege, Gastronomie sowie Kunstobjekten. Von der Anlegestelle an der Parkstraße 3 aus bietet außerdem das Fahrgastschiff »Mudder Schulten« Schiffstouren auf dem Tollensesee an.

Die kleinen Wiekhäuser integrieren sich malerisch in die Stadtmauer.

Einen schönen Blick auf den Tollensesee erhascht man vom Aussichtspunkt Belvedere oberhalb des nordwestlichen Steilufers des Tollensesees. Ein Blickfang ist das als offener Tempel restaurierte romantische Bauwerk am Aussichtspunkt. In den Sommermonaten finden hier Konzerte und Theateraufführungen statt.

MITTELALTERBURG VOM FEINSTEN

Die Höhenburg Stargard sucht ihresgleichen. Sie dominiert von ihrer erhabenen Lage auf einem natürlichen Burghügel aus den Ort Stargard und ist die einzige Höhenburg Norddeutschlands. Zudem ist sie das älteste weltliche Bauwerk Mecklenburg-Vorpommerns. Die gut erhaltene Burganlage ist spektakulär schön – sie sieht aus wie eine per Zeitmaschine direkt aus dem Mittelalter importierte Burg. Heute befinden sich in der Anlage, die aus elf Gebäuden besteht, ein Museum, eine Burgschenke und ein Hotel. Vom 38 Meter hohen Bergfried, der im Jahr 1245 erbaut wurde, bietet sich ein Panoramablick, der bis hin zur Stadt Neubrandenburg reicht. In der Burg ist außerdem eine Touristinformation untergebracht, bei der man einen Audioguide für 3 Euro pro Gerät zuzüglich 10 Euro Pfand entleihen kann. Damit werden die Besucher auf einer 45-minütigen Tour mit neun Stationen durch die Burg geführt, deren wechselvolle Geschichte dabei ebenfalls beleuchtet wird.

Für Kinder ist der Besuch der Ritterburg besonders eindrucksvoll. Und nachdem sie in den alten Gemäuern gestaunt haben, wie echt das alles wirkt, können sie sich auf dem neben dem großen Parkplatz angelegten Abenteuerspielplatz in Ritterburgoptik austoben.

Das Museum im alten Marstall ist von März bis Oktober täglich von 10 bis 17 Uhr geöffnet. Burgführungen finden von Anfang März bis Ende Oktober immer samstags, sonntags und an Feiertagen jeweils um 14.30 Uhr statt. Die Burg ist mehrmals im Jahr Veranstaltungsort beispielsweise des Stargarder Burgfestes Mitte August mit Markttreiben, Gauklern, Ritterspielen, Feuerspuckern, Handwerkern und Mitmach-Aktionen für Kinder. Im September gibt es einen Mittelaltertag auf der Burg und zu Halloween kann man bei der Horror Night seinen Mut auf die Probe stellen. Anfang Dezember eröffnet die Burgweihnacht die Adventszeit.

AUF EINEN BLICK

STADT/REGION: Neubrandenburg/Landkreis
Mecklenburgische Seenplatte
BESTE REISEZEIT: Ganzjährig
OPTIMALE REISEDAUER: 1–2 Tage
TOURISTINFO: Touristinfo Neubrandenburg, Marktplatz 1,
17033 Neubrandenburg, Tel. 0395/559 51 27,
touristinfo@neubrandenburg.de,
www.neubrandenburg-touristinfo.de

SEHENSWÜRDIGKEITEN

MARKTPLATZ-CENTER: Krämerstraße 1a, 17033 Neubrandenburg,
Tel. 0395/57 06 10, www.marktplatz-center.de
TURMCAFÉ-NB: Marktplatz 1, 17033 Neubrandenburg,
Tel. 0395/37 96 13 20, turmcafe-nb.business.site
KONZERTKIRCHE ST. MARIEN: An der Marienkirche,
17033 Neubrandenburg, www.konzertkirche-nb.de/die-marienkirche
WIEKHAUS 45: 4. Ringstraße 44, 17033 Neubrandenburg,
Tel. 0395/566 77 62, www.wiekhaus45.de
FAHRGASTSCHIFF MUDDER SCHULTEN: Anlegestelle: Parkstraße
3, 17033 Neubrandenburg, Tel. 0395/584 12 18 oder 0173/216 50 99,
fahrgastschiff-mudderschulten@t-online.de,
www.fahrgastschiff-mudderschulten.de
HÖHENBURG STARGARD: Burg 1, 17094 Burg Stargard,
Tel. 039603/253 51, kontakt@burg-stargard.de,
www.hoehenburg-stargard.de

PARKING JAHNSPORTFORUM

ADRESSE: Parkstraße 1a, 17033 Neubrandenburg
ANFAHRT: Von der Altstadt aus auf der B96 Richtung Süden fahren
bis Abzweig Schwedenstraße, auf diese einbiegen, dann vorbei am
Jahnsportforum und danach rechts abbiegen.
GPS: N 53°32'13'', E 13°15'22''
Sehr zentral gelegener Stellplatz außerhalb der Stadtmauer und nahe
dem Ufer des Tollensesees, nachts aber ruhig und ohne Tagesparker

▲ Gut ausgestattet sind die Stellplätze am Yachthafen. ▼ Tollensesee

recht leer. Zwar nur ein Parkplatz ohne Infrastruktur, aber gepflegt und gut beleuchtet. Zehn Stellplätze vorhanden. In direkter Nachbarschaft des Sportveranstaltungszentrums Jahnsportforum.

YACHTHAFEN NEUBRANDENBURG/WASSERSPORT-ZENTRUM WOHNMOBILSTELLPLATZ

ADRESSE: Augustastraße 7, 17033 Neubrandenburg, Tel. 0171/4 01 34 88, kontakt@yachthafen-nb.de, www.yachthafen-nb.de
ANFAHRT: Von der Altstadt aus auf der B96 Richtung Süden fahren, nach 1,7 Kilometern Abzweig Lindenstraße, dieser folgen, bis rechts die Augustastraße abzweigt.
GPS: N 53°32'56'', E 13°15'16''

Stellplätze zum Teil auf Wiesenuntergrund, sonst Schotter, auf der einen Seite schattig, mit allen Ausstattungsmerkmalen: W-LAN, Strom, Trinkwasser, Entsorgung und Duschen (jeweils gegen Gebühr). Für das Sanitärgebäude muss man eine Kaution von 50 Euro entrichten. 30 gepflegte, saubere Plätze nur 20 Meter vom Tollensesee entfernt. Sehr gutes Preis-Leistungs-Verhältnis. Das Zentrum ist gut zu Fuß oder mit dem Fahrrad erreichbar (2,5 Kilometer bis zum Stargarder Tor).

ZIELE RUND UM EINEN TOLLEN SEE

Schlösser, Wassersport und Radeln am Tollensesee

Eine Ballonfahrt in der Abendstimmung über dem Tollensesee – ein Traum!

Der Tollensesee liegt südlich der Innenstadt von Neubrandenburg. Er ist knapp 18 Quadratkilometer groß und dient rundherum der Erholung. Freunde des Wassersports finden ebenso ihre Beschäftigung wie Naturliebhaber, Wanderer und Radfahrer. Aber auch abseits des Wassers gibt es manches zu entdecken.

Wasser, Großstadt und Schlösser – die Kombination, die sich hier rund um den langgestreckten Tollensesee bietet, eignet sich hervorragend für Ausflüge, Besichtigungen und Camping inmitten der Natur am Ufer des Sees (wie es der Campingplatz Gatsch Eck bietet, siehe »Auf einen Blick«). Hier scheint die Zeit stehengeblieben zu sein, mit den in die Hügel eingebetteten, verträumten Dörfern …

NATURERLEBNIS TOLLENSESEE

Der Tollensesee erstreckt sich mit einer Länge von über zehn und einer Breite von zweieinhalb Kilometern in dem gleichnamigen Becken, ein eiszeitliches Tunneltal, und gehört zu den saubersten (Wasserqualität »ausgezeichnet«), größten und schönsten Gewässern des Bundeslandes. Wegen dieser Attribute wird der Tollensesee auch das »Grüne Herz Neubrandenburgs« genannt. Neben den Schiffsrundfahrten mit »Mudder Schulten« (siehe Nr. 6) befährt das Linienschiff »MS Rethra« von Anfang Juli bis Ende September auch einen 800 Meter langen Kanal, der in die Lieps überleitet, einen See am Südzipfel des Tollensesees.

Auf das Linienschiff »MS Rethra« können Fahrräder mitgenommen werden. Das heißt, man kann eine Fahrradtour sehr gut mit einer Schifffahrt kombinieren beziehungsweise man muss den großen See nicht in seinem kompletten Umfang umradeln (siehe Fahrradtour). Am Seeufer verteilt befinden sich insgesamt sieben Haltestellen des Schiffes.

Am Ostufer des Tollensesees kann man vom Aussichtsturm Behmshöhe einen Blick auf den See und die umliegende Landschaft werfen – hierfür sind 111 Treppenstufen bis zur Plattform zu bewältigen. Am Nordzipfel stehen mehrere Badestellen zur Verfügung, beispielsweise das Augustabad.

In dessen Nähe, am Nordostufer, kann man beim Wassersportzentrum Yachthafen einen Sportbootführerschein erwerben und an Tauch- und Surflehrgängen teilnehmen. Hier befinden sich auch Wohnmobilstellplätze (siehe »Auf einen Blick«).

Weitere Badestellen in diesem Bereich des Tollensesees sind das Strandbad Reitbahnsee (mit Wasserski-Seilbahn) und das Strandbad Broda. Vor der Stadt Neubrandenburg liegt die künstliche Trümmerinsel im See, ein 1941/1942 von polnischen und jugoslawischen Kriegsgefangenen angelegtes Eiland, auf dem es eine Torpedoversuchsanstalt gab.

In Usadel, an der südöstlichen Uferecke des Tollensesees, bietet das Ballonteam Usadel Ballonfahrten über Mecklenburg-Vorpommern und Brandenburg an. Die Adresse des Anbieters ist: Usadeler Straße 17 in 17237 Blumenholz, Tel. 039824/202 82, ballonteam-usadel.de.

ALLES DREHT SICH UM LUISE

Das heutige Schloss Hohenzieritz wurde ursprünglich Mitte des 18. Jahrhunderts als eingeschossiges Gutshaus in Fachwerkbauweise errichtet, 1790 wurde ein zweites Geschoss hinzugefügt. Nur ein Jahr später erfolgte der Umbau des Gutshauses zu einem herzoglichen Sommersitz, hierbei wurde ein 30 Hektar großer englischer Landschaftsgarten angelegt.

1810 starb in diesem Sommerschloss ihres Vaters völlig unerwartet die preußische Königin Luise. Nicht nur ein marmornes Kopfstück, das in ihrem Sterbezimmer ausgestellt ist, erinnert an die Monarchin, sondern auch eine kleine Ausstellung im Erdgeschoss, die über das Leben der Königin informiert. Das Sterbezimmer ist heute ein für Besucher zugänglicher Andachtsraum mit einem Abguss des Sarkophags. Auch im Park hat sich Luise verewigt – in einem kleinen Tempel befindet sich ebenfalls eine Marmorbüste Luises. Ihr Vater, Carl III., hat dieses Gedächtnismonument wenige Jahre nach dem Tod seiner Tochter errichten lassen.

Es finden regelmäßig Führungen durch das Schloss und den Landschaftsgarten statt. Im nahe dem Schloss gelegenen Café Louisenstübchen kann man sich nach dem Besuch stärken. Für das Schloss, das sich inmitten des Ortes befindet, stehen kostenfreie, große Parkplätze zur Verfügung.

![Schloss Hohenzieritz]

▲ Hauptsächlich Verwaltung beherbergt das Schloss Hohenzieritz.
◀ Luisentempel im Park ▶ Sarkophag von Königin Luise

HERZOGLICHES JAGDSCHLOSS

Vom Schloss Hohenzieritz ist es nur einen Katzensprung zum dank seiner abgeschiedenen Lage weitgehend unbekannten und dafür umso reizvolleren Jagdschloss Prillwitz. Von Naturschutzgebiet umgeben liegt das Schlösschen direkt am Ufer der Lieps und einem kleinen Badestrand (weswegen es auch mitunter Liepser Schlösschen genannt wird). Es befindet sich zwar in Privatbesitz und ist eingezäunt, es gibt aber vom Strand aus einem öffentlichen Zugang zum Gelände, einem 25 Hektar großen Park. Von diesem aus kann man das geschichtsträchtige Schloss von allen Seiten bewundern. Für Kinder steht sogar ein Spielplatz zur Verfügung. Großherzog Friedrich Wilhelm II. von Mecklenburg-Strelitz errichtete das Jagdschloss in den Jahren 1886 bis 1888. Bis 2014 wurde es umfassend und denkmalgerecht restauriert. Man kann die Räumlichkeiten für Veranstaltungen, Übernachtungen und Filmaufnahmen anmieten, aber nur das komplette Schloss, keine einzelnen Räume.

Das Wohnmobil kann man beim alten Gutshaus direkt nebenan parken. Auch dieses Gebäude mit seinen steinernen Wachhunden ist sehr sehenswert. Es wurde nach dem Dreißigjährigen Krieg von 1680 bis 1706 erbaut.

Am Badestrand befindet sich eine Haltestelle des Linienschiffes »MS Rethra«. Diese wird nur in der Hauptsaison und auch nur einmal täglich (Dienstag bis Donnerstag sowie Samstag und Sonntag) angefahren. Da eine Fahrradmitnahme auf dem Schiff möglich ist, empfiehlt sich eine Kombination aus Schifffahrt und Fahrradtour.

Camping am Ufer des Tollensesees

Die Parkanlage rund um das Jagdschloss Prillwitz ist frei zugänglich.

EIN RADWEG führt auf 35 Kilometern Länge um den Tollensee und den Liepssee herum. Vom Strandbad Broda über den Campingplatz Gatsch Eck geht es bis zum Jagdschloss Prillwitz. Dann über Usadel, Nonnenhof und Klein Nemerow, vorbei am Aussichtsturm Behmshöhe, im weiteren Verlauf wird das Augustabad passiert und es geht zurück Richtung Stadt Neubrandenburg.

AUF EINEN BLICK

STADT/REGION: Tollensesee/Tollensebecken
BESTE REISEZEIT: April–Oktober
OPTIMALE REISEDAUER: 1–2 Tage
TOURISTINFO: Touristinfo Neubrandenburg, Marktplatz 1,
17033 Neubrandenburg, Tel. 0395/559 51 27,
touristinfo@neubrandenburg.de,
www.neubrandenburg-touristinfo.de

SEHENSWÜRDIGKEITEN

MS RETHRA: Neubrandenburger Verkehrsbetriebe GmbH:
Warliner Straße 6, 17034 Neubrandenburg, Tel. 0395/350 05 24,
rethra@neu-sw.de, www.neu-sw.de/linienschiff
SCHLOSS HOHENZIERITZ: Schlossplatz 3, 17237 Hohenzieritz, Tel.
039824/21 91 98 76 31, schloss-hohenzieritz@mv-schlosser.de,
www.mv-schloesser.de/de/location/schloss-hohenzieritz
JAGDSCHLOSS PRILLWITZ: Prillwitz 8, 17237 Hohenzieritz,
Tel. 039824/203 45, info@jagdschloss-prillwitz.de,
www.jagdschloss-prillwitz.de

CAMPINGPLATZ GATSCH ECK

ADRESSE: Gatscheck, 17039 Wulkenzin, Tel. 0395/566 51 52
oder 0171/956 51 12, info@camping-gatsch-eck.de,
www.camping-gatsch-eck.de
ANFAHRT: Von Neubrandenburg über die B192 durch Neuendorf
und anschließend (ausgeschildert) 3,3 Kilometer über eine holpri-
ge, nicht asphaltierte Zufahrtsstraße. Am Ende der Strecke großer
Parkplatz und Zufahrt zum Platz.
GPS: N 53°30'58'', E 13°12'13''
Idyllischer geht es nicht: Mitten im Wald liegt der Platz, einsam, abgelegen und direkt am Ufer des Tollensesees. Startpunkt zahlreicher
Wanderungen. Mit eigenem Badestrand und Badeinsel, Spielplatz,
Beachvolleyball, einem Restaurant auf dem Platz sowie einem Imbiss
außerhalb mit Brötchenservice. Sanitärgebäude etwas älter, aber
blitzsauber. Nicht parzellierte Plätze auf einer großen Wiese und für

kleinere Camper auch direkt am See bei den Zelten. Die Zufahrtstraße mit schlechtem Kopfsteinpflaster und tiefen Löchern (insgesamt 3,3 Kilometer lang) ist eine Herausforderung!

 DER PLATZ bietet einen wunderschönen Blick auf Neubrandenburg auf der gegenüberliegenden Seeseite. Eigene Haltestelle des Linienschiffes »MS Rethra«.

Große Wiese für Wohnmobile auf dem Campingplatz Gatsch Eck

WOHNMOBILSTELLPLATZ KLEIN NEMEROW

ADRESSE: Am Damm, 17094 Groß Nemerow, Tel. 039605/20 65 9
ANFAHRT: Aus Richtung Neubrandenburg über die B96 Richtung Südwesten fahren bis Abzweig der Straße Am Damm nach rechts. Straße zweigt links ab, hier abbiegen und gleich wieder links, Stellplatz linker Hand.
GPS: N 53°29'12'', E 13°12'58''

Kostengünstiger Stellplatz für zehn Reisemobile auf einem befestigten Untergrund (Rasengitter) am Ortsrand von Klein Nemerow. Entsorgung Chemie-WC direkt am Platz, in der Nähe Strom, Wasser und Entsorgung Grauwasser (kostenpflichtig). Der ruhige Stellplatz nahe dem Tollensesee bietet Anschluss an öffentliche Verkehrsmittel.

MIT DEM CHARME EINER MARITIMEN STADT

Traditionsreiche Residenzstadt Neustrelitz

Sternförmig laufen die Straßen von Neustrelitz auf den Marktplatz zu.

Die Herzöge von Mecklenburg-Strelitz wussten, wie es sich schön leben lässt. Ein Kleinod haben sie sich dafür als Stadt ausgesucht mit viel Historie, Tradition, Kultur und vor allem: traumhaft schönen Fleckchen. Neustrelitz liegt recht zentral innerhalb der Mecklenburgischen Seenplatte und direkt am Zierker See.

Eine herausragende Sehenswürdigkeit in Neustrelitz zu nennen ist nicht möglich. Der barocke Schlossgarten mit der hübsch restaurierten Orangerie und den Plastiken ist ebenso ein Hingucker wie die sanierten Speicher am Hafen oder der Markt, Mittelpunkt der barocken Stadtanlage. Zu toppen ist die Stadtbesichtigung nur mit der einmalig schönen Wanderung durch den angrenzenden Müritz-Nationalpark: die Serrahn-Runde von Teerofen. Die Buchenwälder von Serrahn genießen als Naturschutzgebiet einen besonderen Schutz und zeigen exemplarisch, wie Urwälder hier künftig aussehen können.

HERZOGLICHE RESIDENZSTADT NEUSTRELITZ

Nach italienischem Vorbild erschaffen, gilt Neustrelitz in Nord- und Mitteleuropa als einmalig. Das barocke Herzstück der Stadt ist der Marktplatz, von dem aus sternförmig acht Straßen abzweigen mit schick herausgeputzten und mit Jugendstilelementen versehenen alten Häusern. Die Stadtanlage stammt aus dem Jahr 1733, ein bronzenes Modell an der Stadtkirche gibt einen Überblick über die Innenstadt. Am Marktplatz befindet sich die Tourist- und Nationalparkinformation. Ein Rondell am Marktplatz ist mit 32 kleinblättrigen Eschen bepflanzt und mit einem Wasserspiel mit 36 Fontänen versehen. Ebenfalls am Marktplatz erstrahlt das schmucke Rathaus genau gegenüber der baulich ähnlichen Stadtkirche. Den Turm der Kirche kann man besteigen, was mit einem Panoramablick auf die Barockstadt und deren Umgebung belohnt wird.

Das Neustrelitzer Schloss hat eine bewegte Vergangenheit hinter sich und war bis 1934 Sitz des Landtags von Mecklenburg-Strelitz. Später wurde es von der SA als Sportstätte genutzt und schließlich brannte es 1945 komplett aus, die Ruine wurde gesprengt und abgetragen. Es gibt zwar Bestrebungen, das Schloss neu aufzubauen, bislang wurden aber nur einzelne Gebäude rekonstruiert und restauriert. Hierzu zählt die neogotische Schlosskirche,

die schon seit DDR-Zeiten nicht mehr als Gotteshaus genutzt wurde und heute als Dauerausstellungsraum für Skulpturen und Steinhauerkunst fungiert. Beeindruckend sind die zwölf Türme, die die Kirche zieren und die zwölf Apostel symbolisieren. Auch die vier Evangelisten wurden in der Fassade in Form von Terrakottafiguren verewigt.

Ein weiteres Gebäude ist die klassizistische Orangerie im Nordosten des Schlossparks, ein zu einem Gartensalon umgestaltetes Prachtstück, das heute als Konzertsaal und Restaurant dient. Drei sehenswerte Räume gibt es zu besichtigen, die in den Landesfarben Gelb, Rot und Blau gehalten sind und antike Szenen in Form von Skulpturen und Bildnissen präsentieren. Ein Modell des ehemaligen Schlosses in der Orangerie zeigt, wie es einmal ausgesehen hat. Auch das Kavalierhaus ist ein Überbleibsel der ursprünglichen Schlossanlage.

Highlight Nummer 1 der Stadt ist jedoch unbenommen der Schlossgarten. Ursprünglich als Barockgarten konzipiert, finden sich auch heute noch nach vielen Umgestaltungen und Erweiterungen barocke Elemente. Es ist eine grüne Oase, ein Ort zum Genießen, Verweilen und Flanieren. Man könnte Stunden in diesem gepflegten Park zubringen und sich an der friedvollen Stimmung erfreuen. Der Schlossgarten wurde 1732 nach dem Vorbild Versailles' angelegt, im 19. Jahrhundert zum englischen Landschaftspark erweitert und hat im August 2019 nach zehnjähriger Sanierung wieder sein historisches Aussehen zurückerlangt. Entlang einer barocken Sichtachse machen Skulpturen, Wasserspiele, Brunnen, alte Bäume, und romantische Wege sowie ein Tempel den Park zu einem Kleinod am Rande der Innenstadt. Auf dem Schlossplatz wachen von der Antike inspirierte Statuen über den Zugang zum Schlossgarten, die griechisch-römisch anmuten … Um den Schlossbezirk bequem zu Fuß erreichen zu können, parkt man das Wohnmobil am besten am Parkplatz an der Useriner Straße, der sich zwischen Schloss und dem Zierker See befindet.

Nur einen Mini-Spaziergang vom Schlossgarten entfernt ist am südwestlichen Stadtrand das Slawendorf Neustrelitz angesiedelt. Direkt am Zierker See gewährt das 1,5 Hektar große Gelände einen Einblick in die Zeit zwischen dem 7. und 12. Jahrhundert, als slawische Stämme Mecklenburg-Vorpommern besiedelten. In den rekonstruierten Hütten und Gebäuden erfährt man viel über das Leben der Slawen und vor al-

▲ Steinhauerkunst in der imposanten Schlosskirche ◄ Maritimes Flair am Stadthafen ► Alter Kornspeicher am Hafen

lem Kinder erfreuen sich an dem breiten Mitmach-Angebot (Schwerter herstellen, Kerzen ziehen, Töpfern oder Schnitzen, allerdings wird jede Aktion mit einem Euro extra berechnet).

Wenden wir uns der nächsten Besonderheit zu, dem **Stadthafen** von Neustrelitz, von dem die Stadt ihren maritimen Charme bezieht. Hier, am Zierker See und nur einen fünfminütigen Spaziergang von der Innenstadt entfernt, stechen Charterboote und Fahrgastschiffe in See, Wasserwanderer können über verschiedene Wasserwege der Havel sowohl in den National-park Müritz vordringen als auch nach Berlin und Hamburg gelangen. Die **Blau-Weiße Flotte** bietet Fahrten von der kleinen Seenrundfahrt bis hin zur 5-Seenfahrt mit Schleusungen an. An den Liegeplätzen ankern schöne Yachten, die man beim Entlangflanieren bewundern kann.

Eine große Attraktion am Hafen sind die **Kornspeicher** aus dem Jahr 1852/1853. Zwei der drei sind bereits restauriert, erstrahlen in altem Glanz und beherbergen ein Hotel mit Gastronomie.

Der Schlossgarten erstrahlt in seinem historischen Gewand.

IN DEN RESTAURIERTEN Kornspeichern befinden sich direkt an der Hafenkante das Restaurant Live am Hafen und das Hafencafé im Speicher. Man kann hier gut essen (jeweils auch Kleinigkeiten) und das geschäftige Treiben am mediterranen Hafen beobachten.

Einen kulturellen Abstecher wert ist die Alte Kachelofenfabrik mit Gaststätte, Programmkino, Theater, Kneipe, Galerie und Öko-Hotel. Die alte Fabrik ist denkmalgeschützt und bietet ein reizvolles Ambiente auf zwei Ebenen. Im Restaurant werden kreativ und frisch zubereitete Speisen mit vorrangig regionalen und biologischen Produkten serviert. Die einzelnen Bereiche gehen ineinander über – so führt vom Gaststättenraum eine Stahltreppe direkt in die Galerie mit wechselnden Ausstellungen.

Bei der Touristinformation gibt es den Flyer »Stadtrundgang durch die Residenzstadt«, in dem alle Sehenswürdigkeiten von Neustrelitz im Rahmen eines etwa dreistündigen Stadtspazierganges zusammengefasst sind. Man kann die insgesamt 37 Stationen, die übersichtlich in einen Stadtplan eingetragen sind, auch auf mehrere kleine Spaziergänge verteilen.

DIE SERRAHN-RUNDE VON TEEROFEN ist eine der eindrucksvollsten Wanderungen der Mecklenburgischen Seenplatte, weil sie durch die Buchenwälder des UNESCO-Welterbes führt, schon innerhalb des Gebietes des Müritz-Nationalparks verläuft, sehr abwechslungsreich und naturgewaltig ist. Es ist eine friedvolle und darüber hinaus informative Wanderung, die man auf gar keinen Fall verpassen sollte.

Startpunkt ist der Wanderparkplatz Zinow. Geht man den naturbelassenen Weg im Uhrzeigersinn (empfohlen), verläuft er zunächst im Zickzack durch den Wald und über schöne Lichtungen, das hat Urwaldcharakter. Verschiedene Stationen informieren über die Ökologie und Ökonomie des Gebietes und die Entwicklung eines Kiefernforstes zu einem Buchennaturwald. Holzliegen auf den Lichtungen, eine Lauschecke und Hängematten versüßen die Tour. Dann ist ein Aussichtsturm am Großen Serrahnsee erreicht, von dem aus man nicht nur einen Panoramablick über eine Moorlandschaft genießt, sondern auch mit etwas Glück See- und Fischadler oder Kraniche beobachten kann, am gegenüberliegenden Ufer entdeckt man einen Fischadlerhorst. Wenig später durchquert man über einen

Holzbohlenweg ein Moor und gelangt dann in den Mini-Ort Serrahn. Für das Gartencafé mit einem lauschigen Außenbereich (innerhalb der Saison geöffnet), das liebevoll aufgemachte Naturschutzzentrum mit der multimedialen Ausstellung »Im Reich der Buchen« (geöffnet von April bis Oktober von 10 bis 17 Uhr) und eine private Ausstellung von Naturfotos sollten Sie genug Zeit einplanen, bevor es über einen breiten Forstweg zurück zum Ausgangspunkt geht. Die gesamte Strecke beträgt 7,8 Kilometer, ist moderat zu begehen (gelegentlich unwegsam), verläuft zum größten Teil kühl und schattig.

Aussichtspunkt am Großen Serrahnsee

AUF EINEN BLICK

STADT/REGION: Neustrelitz/Mecklenburgische Seenplatte
BESTE REISEZEIT: April–Oktober
OPTIMALE REISEDAUER: 1–2 Tage
TOURISTINFO: Touristinformation Neustrelitz,
Strelitzer Straße 1, 17235 Neustrelitz,
touristinformation@neustrelitz.de,
Tel. 03981/25 31 19, www.neustrelitz.de

SEHENSWÜRDIGKEITEN

SCHLOSSGARTEN NEUSTRELITZ: Schlossgarten,
17235 Neustrelitz, Tel. 03981/25 31 19 (Touristinformation)
SLAWENDORF NEUSTRELITZ: Franzosensteg, 17235 Neustrelitz, Tel.
03981/23 75 45, (Tel. außerhalb der Saison: 03981/23 81 32), slawen-
dorf-neustrelitz.de
BLAU-WEISSE FLOTTE: Info: Strandstraße 3, 17192 Waren (Müritz),
Tel. 03991/66 30 34, www.blau-weisse-flotte.de/fahrplan/neustrelitz
ALTE KACHELOFENFABRIK: Sandberg 3a, 17235 Neustrelitz,
Tel. 03981/20 31 45 (Gaststätte: 03981/23 70 96),
info@basiskulturfabrik.de, www.basiskulturfabrik.de

WOHNMOBILSTELLPLATZ STADTHAFEN

ADRESSE: Zierker Nebenstraße 6, 17235 Neustrelitz, Tel. 03981/26 29
96 (Hafenmeisterei: 01520/161 40 33), hafeninformation@neustrelitz.
de, www.neustrelitz.de/erleben/reisemobilstellplatz
ANFAHRT: Vom Marktplatz aus die Seestraße Richtung Westen
fahren, dann nach rechts auf die Semmelweisstraße, bis links die
Straße Am Stadthafen abzweigt.
GPS: N 53°21'56'', E 13°03'19''
Nicht nur die Lage in unmittelbarer Nähe zum Stadthafen von Neustrelitz ist toll, der städtische Platz ist auch bestens ausgestattet und
sehr gepflegt. Mit 25 begrünten Stellplätzen, Strom, Wasser, sanitären
Anlagen mit Toiletten und Duschen sowie allen Entsorgungsmöglichkeiten. Zuständig für den Stellplatz ist die Hafenmeisterei bei den
restaurierten Kornspeichern. Hier erhält man an einem Automaten

▲ Direkt am Stadthafen befindet sich der Stellplatz. ◄ Über Stock und Stein geht's bei der Runde von Serrahn. ► Pause mit Ausblick

die Wertmarken für Strom, Wasser, Duschen und Abwasser und kann dort außerdem Fahrräder mieten.

NATURCAMPING DREWENSEE

ADRESSE: Drewin, 17235 Neustrelitz, Tel. 0172/4 38 80 63, ncd35@web.de, www.naturcamping-drewensee.de
ANFAHRT: Der Platz liegt an der B96 zwischen Neustrelitz und Fürstenberg, im Ort Drewin ist der Platz von der B96 aus ausgeschildert.
GPS: N 53°15'46'', E 13°03'04

An der Wasserstraße der Havel gelegener Naturplatz mit eigenem Badestrand und Bootsliegeplätzen als perfekter Ausgangspunkt für Wasserwanderungen (mit Bootsverleih). Sehr ruhig, da der See von Motorbooten nur eingeschränkt genutzt werden darf. Wasser und Stromanschlüsse vorhanden, moderne Sanitäranlagen. Die Zufahrt erfolgt über einen zwei Kilometer langen Waldweg.

MEHR ALS NUR EIN MINI-ABBILD

Inmitten der Mecklenburgischen Kleinseenplatte

▲ Baden am Useriner See ◀ Originalgetreu restaurierte Räume im   Schloss Mirow ▶ Imbiss Seeblick – nomen est omen

Im Gegensatz zur »richtigen» Seenplatte sind bei der Kleinseenplatte die einzelnen Seen miteinander über Bäche, Flüsse und Kanäle verbunden. Das ist perfekt dazu geeignet, um mit dem Kanu in alle möglichen Himmelsrichtungen zu paddeln. Außerdem ist die Konzentration von Seen in einer einzigen Region sehr hoch.

Der Useriner See, der Große Labussee und der Mirower See mit den Ortschaften Userin, Wesenberg und Mirow stehen im Folgenden als Herz der Mecklenburgischen Kleinseenplatte im Vordergrund. Wesenberg grenzt zusätzlich an den Woblitzsee. Bis auf den Mirower See sind alle vom Fluss Havel durchzogen und miteinander verbunden. Die Seen sind Vorboten des Müritz-Nationalparks.

USERIN MIT SEE UND MÜHLE

Das kleine Nationalparkdorf Userin liegt sehr idyllisch am Useriner See. Mit gerade mal 600 Einwohnern gibt das Dörfchen nicht viel her, aber der vier Kilometer lange und einen Kilometer breite See, der von der oberen Havel durchflossen wird, bietet allerhand Möglichkeiten für Freizeitaktivitäten. Zum Baden nutzen vor allem Familien die Badestelle Userin mit barrierefreiem Steg, Wasserrutsche und Sandspielplatz. Beides findet man auch an der Badestelle Useriner Mühle (am südlichen Seezipfel und im gleichnamigen Ortsteil von Userin), hinzu kommt noch der schön gelegene Imbiss Seeblick, bei dem man sich versorgen beziehungsweise einkehren kann.

Direkt neben der Gaststätte kann man am neu eröffneten Campingplatz Useriner Mühle nicht nur schön übernachten, sondern beim Platzbetreiber auch einen Kanadier oder ein Paddelboot mieten und damit eine Tagestour auf dem See und der Havel unternehmen. Es ist wenig los auf dem Gewässer, keine Fahrgastschiffe bevölkern den See, sodass man sich beim geruhsamen Paddeln wie auf dem Amazonas fühlen kann.

Gegenüber der Gaststätte zerfällt so langsam die ehemalige Wassermühle, die nach einem Großbrand neu aufgebaut wurde und in dieser Form ab dem Jahr 1888 in Betrieb war. Ab 1950 verwaltete der Staat den Mühlenkomplex, 1953 wurde der Mahlbetrieb eingestellt. Seitdem wird das Gelände landwirtschaftlich beziehungsweise für Lagerungen genutzt.

WIE TOM SAWYER UND HUCKLEBERRY FINN

Nirgendwo sonst ist eine Abenteuer-Floßfahrt à la Tom Sawyer und Huckle-berry Finn so vielseitig wie auf dem Großen Labussee, dessen Wasser-wege über die Havel zum Woblitzsee und zum Useriner See führen. Denn auf diese Weise gleitet man gemächlich durch mehrere Gewässer mit maximal viel Abwechslung und landschaftlicher Vielfalt – Natur pur! Die motorbetriebenen Flöße sind führerscheinfrei und man kann sie in drei verschiedenen Größen mit unterschiedlich vielen Schlafplätzen mieten. Der Anbieter am Labussee ist der Floßverleih Neumann in Diemitz (siehe »Auf einen Blick«).

WALD, WASSER UND MITTELALTER

Etwa 3200 Einwohner zählt der Ort Wesenberg, der direkt am Woblitzsee und fast direkt am Großen und Kleinen Weißen See, beim Großen Labus-see und im Havelgebiet liegt. Viele Gründe also, warum Wesenberg als staatlich anerkannter Erholungsort deklariert ist. Von reichlich Wald und Wasser umgeben, bildet Wesenberg außerdem das südliche Portal zum Müritz-Nationalpark.

Mittelpunkt und Highlight des Ortes ist die Burg Wesenberg, die auf eine im 13. Jahrhundert erbaute Anlage zurückgeht und auf einem Hügelchen thront. Sie diente dem Schutz der um 1252 gegründeten Stadt. Erhalten sind heute noch Teile der Burgmauer sowie der Fangelturm, der als Wahrzeichen der Stadt gilt und als Aussichtsturm fungiert. Die etwa aus der Mitte des 13. Jahrhunderts stammende Burg ist saniert, in ihr sind die Touristen-information und das Heimatmuseum untergebracht. Im Museum wird die Geschichte der Fischerei, Forstwirtschaft und der Region thematisiert.

Die Burg wechselte zwischen dem 13 und 14. Jahrhundert während der mecklenburgisch-brandenburgischen Querelen öfter den Besitzer. Danach wurde sie Sitz verschiedener mecklenburgischer Fürsten, bis im Dreißig-jährigen Krieg große Teile der Burg zerstört wurden. Erst 1812 wurde die ehemalige Burg durch einen schlichteren Bau ersetzt, der jedoch 1917 ab-brannte und nach seinem Wiederaufbau 1945 erneut durch einen Brand vernichtet wurde. Das ist der Grund, warum heute nur noch der Torso des Fangelturms und Teile der Burgmauer erhalten sind.

Kriegerdenkmal am Marktplatz von Wesenberg

Am ersten Juliwochenende findet das traditionelle Burgfest mit historischem Umzug, Ritterspielen, Tanz und Feuerwerk statt. Die Burg ist außerdem Veranstaltungsort für weitere kleinere und größere Feste und für den Weihnachtsmarkt. Ein Blick auf den Kalender des Burgvereins lohnt sich immer: www.burgverein-wesenberg.de/termine.

Zentraler Punkt des Ortes ist der historische Marktplatz mit dem Rathaus und einem steinernen Kriegerdenkmal, das an die Gefallenen von 1870/1871 erinnert. Gegenüber dem Rathaus ist die gotische Kirche St. Marien fast ebenso alt wie die Mittelalterburg des Ortes. Der Burgeingang wird von einer ungewöhnlich ausladenden Linde geziert. Direkt daneben kann man der Villa Pusteblume, einem Kaffeegarten mit Museum für Blechspielzeuge, einen Besuch abstatten (im Winter geschlossen).

KUNST IM EHEMALIGEN WAISENHAUS

Mitten im Wald und abseits der Ortschaft Wesenberg vermutet man kaum ein solches Kleinod: Der Skulpturenpark Wesenberg bietet weit mehr als nur Bildhauerkunst. Neben 20 Skulpturen im Außenbereich kann man innerhalb des Gebäudes, das im Laufe der Zeit viele Funktionen innehatte, in mehreren separaten Galerien regionale, nationale und internationale Kunst bewundern. In ständig wechselnden Ausstellungen finden sich auch namhafte Künstler in den eigens hierfür modern gestalteten Galerieräumen

▲ Kunst im Park ... ▼ ... und im Inneren des ehemaligen Waisenhauses

wieder. Dokumentarfilme und ein kleines Café (nur am Wochenende geöffnet) vervollständigen das Angebot. Unterhalten werden Skulpturenpark
und Galerie von einer gemeinnützigen Stiftung und einer Partnerfirma.
Das flache Gebäude selbst diente bereits als Wohnsitz eines Konsuls, als
russisches Lazarett und schließlich von 1945 bis 2004 (also während der
gesamten DDR-Zeit und länger) als Kinderheim. Im Eingangsbereich der
Galerie kann man anhand von Fotos und Dokumentationen vor allem
die Geschichte des Waisenhauses nachvollziehen. Eine gut informierte

Mitarbeiterin beantwortet gerne Fragen zum Gebäude und kann einige Geschichten und Anekdoten dazu erzählen. Zum Gebäudekomplex gehört auch ein Herrenhaus, das direkt am Ufer des Weißen Sees liegt und an dessen Wasserzugang die Waisenkinder gebadet haben.

Die teilweise skurrilen, kunstvollen Skulpturen reihen sich entlang eines naturbelassenen Waldrundweges im Außengelände. Künstler aus aller Welt haben die Skulpturen erschaffen, für deren Betrachtung man sich im Rahmen des geruhsamen Spaziergangs Zeit lassen und die man auf sich wirken lassen sollte.

Nicht nur für Kunstliebhaber ist ein Ausflug zum Skulpturenpark, der im Übrigen keinen Eintritt kostet (über eine Spende freut man sich), ein absoluter Geheimtipp. Bis Ende Oktober kann man den Park und die Galerie besuchen, montags ist geschlossen.

AUS DEM DORNRÖSCHENSCHLAF ERWECKT

Ein bedeutendes Highlight der Mecklenburgischen Kleinseenplatte fehlt noch und das ist Schloss Mirow. Nachdem es zu DDR-Zeiten verfallen war und jahrelang vor sich hindämmerte, wurde es nun aufwendig, detailgetreu und sehr liebevoll restauriert und erstrahlt in einem neuen, bezaubernden Glanz. Eine Besichtigung des Inneren ist Pflicht! Die prachtvolle Raumausstattung ist sowohl im Stil des Barock als auch des Rokoko gehalten. Viele Kostbarkeiten gibt es zu entdecken: italienischer Stuck, friderizianisches Rokoko, zarte Streublumen oder handgestickte Tapeten. Liebevoll und detailgetreu restauriert sind Themenzimmer wiederauferstanden, so beispielsweise das Gewitterzimmer im entsprechenden Design oder das asiatisch anmutende Pekingzimmer. Heute gilt Schloss Mirow als einziges Denkmal, in dem die herzogliche Wohnkultur der Mecklenburg-Strelitzer Dynastie erhalten geblieben ist. Kein anderes Schloss verfügt über eine vergleichbare Dichte an Rokokoausstattungen.

Nicht nur äußerst informativ, sondern auch sehr unterhaltsam ist der Gang durch die herrlichen Räume mit einem Audioguide. Viele Informationen zum Schloss und dessen Geschichte sowie Hörspielsequenzen mit nachgestellten Szenen des Lebens am Hof lassen das frühere Schlossleben mit seinem ganzen Hofstaat lebendig werden.

Auch die interaktiven und modernen Ausstellungen geben Zeugnis über das Schloss im Laufe der Geschichte und informieren darüber, dass es während der DDR-Zeit als Altenheim genutzt wurde. Es ist zwar erschreckend, in welchem heruntergekommenen Zustand Schloss Mirow zu Zeiten der politischen Wende war (Fotos und noch nicht restaurierte Räume dokumentieren dies), aber vor diesem Hintergrund ist es umso erstaunlicher, was daraus geworden ist. In manchen Räumen gibt es Fotos, wie diese im Originalzustand und vor dem Verfall ausgesehen haben – es ist kaum

▲ Außen und innen prachtvoll: Schloss Mirow ▼ Liebesinsel am Schloss Mirow

zu glauben, wie gelungen die Nachbildung ist! Manche Räume sind auch noch mitten in der Restaurierungsphase, hier ist die Diskrepanz zwischen alt und neu besonders gut sichtbar.

Innen wie außen ein Prachtstück, liegt das Schloss zudem malerisch auf einer Insel. Umgeben ist das Bauwerk von einem Schlosspark, durch den man auf geschwungenen Wegen spazieren und die Ruhe genießen kann, die er ausstrahlt. Auch hier schlägt der Barock durch, in dessen Stil die Alleen angelegt sind. So verbinden sich Schloss und Natur auf harmonische Art und Weise. Eine schmiedeeiserne Brücke führt vom verträumten Schlosspark hinüber zur Liebesinsel, auf der sich auch die Ruhestätte des letzten regierenden Großherzogs von Mecklenburg-Strelitz befindet. Zum Ensemble auf der Schlossinsel zählen auch das Renaissancetorhaus, das der älteste erhaltene Teil der Anlage ist und vermutlich aus dem Jahr 1588 stammt, und die Johanniterkirche zu Mirow. Das denkmalgeschützte, sakrale Gebäude diente ab 1704 als Hofkirche der Herzöge und Großherzöge von Mecklenburg-Strelitz und als deren Begräbnisstätte und ist heute eine evangelisch-lutherische Pfarrkirche.

Wer den 41 Meter hohen Turm besteigen und 146 Treppenstufen erklimmen möchte, wird nicht nur mit einem schönen Panoramablick auf den Mirower See und die Mecklenburgische Seenplatte belohnt, sondern genießt auch ein Turmerlebnis auf fünf Etagen mit Johannitermuseum, Galerie mit Bücherbasar, Glockenstuhl, Vereinsmuseum und natürlich der Aussichtsplattform (auf 29 Metern Höhe). Hierzu einfach der Beschilderung »Erlebniskirchturm« folgen. Die Kirche ist vom 1. Mai bis 31. Oktober täglich von 10 bis 18 Uhr geöffnet, sonntags ab 10.30 Uhr nach dem Gottesdienst.

Gegenüber vom Schlossgebäude im barocken Kavalierhaus (3-Königinnen-Palais) befinden sich heute eine Touristinformation, ein Café und ein Museumsshop und es finden regelmäßig Ausstellungen und andere kulturelle Veranstaltungen statt. Hinter dem Palais liegt an einem kleinen Hafen ein Imbiss mit Biergarten.

AUF EINEN BLICK

STADT/REGION: Wesenberg und Mirow/
Mecklenburgische Kleinseenplatte
BESTE REISEZEIT: Mai–September
OPTIMALE REISEDAUER: 2–3 Tage
TOURISTINFO: Touristinformation Wesenberg, Burg 1, 17255
Wesenberg, Tel. 039832/206 21,
info@klein-seenplatte.de, www.klein-seenplatte.de
Touristinformation Mirow, Schlossinsel 2a, 17252 Mirow,
Tel. 039833/275 67, mirow@kleinseenplatte.de,
www.klein-seenplatte.de

SEHENSWÜRDIGKEITEN

FLOSSVERLEIH NEUMANN: Natur-Campingplatz C24,
Diemitz Schleuse 1, 17252 Diemitz, Tel. 0163/365 53 67,
info@floss-verleih.de, www.floss-verleih.de
BURG WESENBERG: Burg 1, 17255 Wesenberg, Tel. 039832/206 21,
enrico.hackbarth@kleinseenplatte.de
SKULPTURENPARK WESENBERG: Am Weißen See 3,
17255 Wesenberg, Tel. 039832/26 24 66, info@skulpturenpark-
wesenberg.de, www.skulpturenpark-wesenberg.de
SCHLOSS MIROW: Schlossinsel 1, 17252 Mirow,
Tel. 039833/27 51 18 76 64, schloss-mirow@mv-schloesser.de,
www.mv-schloesser.de/mirow
JOHANNITERKIRCHE ZU MIROW: Schlossinsel, 17252 Mirow,
Tel. 039833/263 57, museum@johanniterkirche-mirow.de,
www.johanniterkirche-mirow.de

CAMPINGPLATZ USERINER MÜHLE

ADRESSE: Useriner Mühle 19a, 17237 Userin, Tel. 03981/256 87 27,
info@userinermuehle.de, www.userinermuehle.de
ANFAHRT: Aus Richtung Neustrelitz auf der Useriner Straße Richtung Mirow fahren über Lindenberg und Userin. Der Platz liegt an
der Durchfahrtsstraße durch Userin, nach der Mühle rechts.
GPS: N 53°19'19'', E 12°58'06''

◀ Viel Platz beim Campingplatz Useriner Mühle ▶ Stellplätze in Mirow

Neu eröffneter und persönlich geführter Platz in Userin und oberhalb des Useriner Sees am Badestrand und Bootssteg. Große Wiese, auf der man frei einen Platz wählen kann (nicht parzelliert). An jedem Stellplatz eigener Strom- und Wasseranschluss, nagelneue und topmoderne Sanitäranlagen sowie sehr gut funktionierendes W-LAN (auch an den Plätzen gut, das ist selten). Waschmaschine und Trockner, einige Grundlebensmittel an der Rezeption und ein Fernseh-/Aufenthalts-raum mit Küche sind ebenso vorhanden. Brötchenservice (Bestellung allerdings nur bis 17 Uhr möglich). Hinweis: Die dem See am nächsten gelegenen Plätze sind ruhiger, an den Plätzen an der Straße hört man den Verkehr deutlich. Der Betreiber vermietet Kanadier, Paddelboote, Fahrräder und E-Bikes.

WOHNMOBILSTELLPLATZ SCHLOSSPARKPLATZ MIROW

ADRESSE: Schlossparkplatz, Herrensteig, 17252 Mirow,
Tel. 03983/328 00
ANFAHRT: Über die B198 nach Mirow und Richtung Schloss fahren. Kurz vor der Schlossinsel zweigt nach rechts die Straße Schlossinsel ab, der Parkplatz folgt rechter Hand, Stellplätze im hinteren Bereich des Parkplatzes.
GPS: N 53°16'34'', E 12°48'46''
Direkt neben dem Schloss Mirow und am Eingang zum Schlosspark liegt dieser Stellplatz im hinteren, etwas abgetrennten Bereich eines Parkplatzes (auf dem man auch gut ohne Übernachtung das Wohn-mobil parken kann). Rasengitter als Untergrund. Recht neuer Platz, gute Infrastruktur vorhanden: Ver- und Entsorgung, Frischwasser, Strom und Toiletten (jeweils gebührenpflichtig). Tolle Ausgangslage in die Stadt und auf die Schlossinsel und dabei ruhig und fast direkt am See.

DIE MÜRITZ ALS HIGHLIGHT

Nahezu unberührte Natur im Müritz-Nationalpark

▲ Natur pur im Müritz-Nationalpark ◄ Waldbaden in der Hängematte
▶ Ranger bieten Touren an.

Er ist der größte Nationalpark Deutschlands, zu etwa drei Vierteln von Wäldern bedeckt und mit rund 100 Seen bestückt: der Müritz-Nationalpark. Deutschlands größter Binnensee, die 117 Quadratmeter große Müritz, dient als Namensgeber. Naturbelassen, aber gut erschlossen bietet der Nationalpark viele Aktivitäten in herrlicher Landschaft.

Der besondere Reiz des 322 Quadratmeter großen Nationalparks geht von seiner Vielfalt aus – er ist ein repräsentativer Ausschnitt der gesamten Mecklenburgischen Seenplatte. Zahlreiche Seen in allen Größenkategorien, weite Wälder und Moore sind die reizvollen Magnete der Region.

DIE NATUR NATUR SEIN LASSEN

Unter diesem Motto stehen diese Landschaftsräume im Allgemeinen und für den Müritz-Nationalpark gilt das in besonderem Maße. Der Park gliedert sich in zwei Bereiche: das Teilgebiet Serrahn (siehe Nr. 8) im Osten des Nationalparks und das Teilgebiet Müritz, das sich vor allem ins östliche Hinterland der Müritz erstreckt und für das die Ausflüge in dieser Tour konzipiert sind.

Die Idee zu einem Nationalpark an der Müritz gab es bereits Anfang der 1950er-Jahre, allerdings sollte es in der DDR keine Nationalparks geben. Eine Bürgerinitiative brachte dann im Zuge des politischen Umbruchs im Herbst 1989 den Stein ins Rollen – zusammen mit dem neu ernannten Minister für Naturschutz, Umwelt und Wasserwirtschaft sowie weiteren Fachleuten und Unterstützung aus dem Westen wurde eine Gesetzesvorlage erstellt und beschlossen, die dann als Nationalparkprogramm verifiziert wurde.

Ziel eines Nationalparks ist es, die vielseitige Landschaft zu schützen, ungestörte Naturabläufe zu gewährleisten und die artenreiche Tier- und Pflanzenwelt zu erhalten. Wenn man die vielen verschiedenen Arten von Wasservögeln im Nationalpark betrachtet, scheint letzteres besonders gelungen. Rot- und Schwarzmilan, See- und Fischadler, Kraniche, Graureiher, Haubentaucher, Kormorane und der Eisvogel besiedeln den Nationalpark. Manchmal kann man sogar den majestätischen Flug des seltenen Seeadlers beobachten oder das Trompeten der Kraniche hören.

Ranger begleiten Touren durch den Nationalpark und bringen den Besuchern unter den verschiedensten Themenschwerpunkten den Landschaftsraum näher – das geschieht im Rahmen von Angeboten angefangen bei der Abendwanderung über das Beobachten von Fischadlern bis hin zu einer meditativen Wanderung – die Auswahl an angebotenen Touren ist riesengroß. Höchst informativ sind sie alle, denn die Ranger sind ausgebildete Natur- und Landschaftspfleger. Wer den Park auf eigene Faust erkunden möchte, dem sei eine Tour auf einer der beiden Paddelrouten »Alte Fahrt« oder »Obere Havel« empfohlen. Auch per Fahrgastschiff ist der Nationalpark erschlossen: Die Weiße Flotte Müritz verkehrt mit acht Schiffen zwischen zwölf Häfen und Anlegestellen der Müritz und bietet Rundfahrten aller Arten und Länge, je mit eigenem Motto. Der Fahrbetrieb wird Ende April aufgenommen. Wandern und Radfahren ohne Ende sind die Hauptaktivitäten, für die der Nationalpark berühmt ist.

Bei einer Übernachtung in einem der Orte Waren, Klink, Röbel oder Rechlin erhält man eine Gästekarte, mit der man Busse von »MÜRITZ rundum« zwischen dem 1. April und dem 31. Oktober kostenfrei nutzen kann, unter anderem die Bus-Nationalpark-linie zwischen Waren und dem Bolter Kanal (Linie 009). Auch Fahrräder und Hunde können mitgenommen werden, beides jedoch kostenpflichtig. Ohne Gästekarte kostet ein Tagesticket für den Nationalpark 9 Euro. Diese Art der Fortbewegung ist auf alle Fälle empfehlenswert, da man das Wohnmobil stehenlassen kann und in Gebiete gelangt, in die man mit eigenem Fahrzeug nicht hineinfahren darf.

In Federow, einem Ortsteil von Kargow zwischen dem Nationalpark und dem Ort Waren (siehe Nr. 11) kann man sich in der Nationalparkinformation in der Damerower Straße einen sehr guten Überblick über das Schutzgebiet verschaffen. Hier starten auch tägliche Führungen, man kann Fahrräder und Ferngläser leihen, es gibt eine Gaststätte und einen Kinderspielplatz, einen kleinen Nationalparkladen und eine Haltestelle des Nationalparkbusses. Direkt neben dem Infozentrum befindet sich ein neu errichteter Wohnmobilstellplatz.

▲ Per Pferdekutsche in den Wildpark Boek ▼ Gutshaus Boek

DAS TOR ZUM NATIONALPARK

Das verschlafene Dorf **Boek** in der südlichen Müritz-Region und Ortsteil von Rechlin ist ein optimaler Ausgangspunkt für die Erkundung des Nationalparks. Man gelangt von hier aus sowohl direkt an das Ostufer der Müritz, als auch in die angrenzenden Wälder des Parks. Perfekt liegt auch der Campingplatz Boek C16 (siehe »Auf einen Blick«), der nur ein kleines Stück durch den Wald vom Ort entfernt ist. Da die Buslinie des Müritz-Nationalparks auch eine Haltestelle in Boek hat, kann man die Gegend sehr schön genießen, ohne das eigene Fahrzeug bewegen zu müssen – was auch gar nicht möglich ist, da man Richtung Norden nur zu Fuß, mit dem

Liebevoll dekoriert ist das Kutschercafé im Nationalparkdorf Boek.

Fahrrad oder der Buslinie in den Nationalpark gelangt, Autos sind verboten. Außerdem liegt das Nationalparkdorf direkt am Müritz-Radrundweg, einer der Haupt-Radwanderrouten der Region.

Neben der guten Ausgangslage ist Boek selbst aber auch ein beschaulicher Ort. Sehr authentisch und nicht herausgeputzt passt er sich wunderbar in das Konzept der naturbelassenen Umgebung ein. Das malerische Kutschercafé mit seiner liebenswürdigen und aufwendigen Außendeko ist Mittelpunkt des Ortes. Hier stärkt man sich in herrlicher Atmosphäre mit selbstgebackenem Kuchen.

Direkt am Café starten geführte **Kutschfahrten** in den **Wildpark Boek**. Zusammen mit einem Ranger geht es auf Tour, er erläutert die Tier- und Pflanzenwelt, unterwegs kann man heimisches Rot- und Damwild beobachten. Zu dem abgegrenzten Gebiet des Wildparks beim Nationalpark hat man normalerweise keinen Zugang. Die Fahrt dauert 90 Minuten und kommt ab einer Mindestteilnehmerzahl von vier Personen zustande. Informationen erhält man im Kutschercafé, hier kann man sich auch für die Fahrten anmelden.

Mittelpunkt des Ortes ist das **Gutshaus Boek**, das ein Informationszentrum des Müritz-Nationalparks beherbergt. Der zweigeschossige Putzbau mit einem kleinen Gutspark dahinter stammt aus der Mitte des 19. Jahrhunderts. Ein Zinnfigurenmuseum sowie eine kleine Ausstellung über die Schriftstellerin Gertrud von Le Fort, die einen Teil ihrer Kindheit im Gutshaus verbrachte, befinden sich in den Räumen des Hauses, das außerdem kulturelle und touristische Veranstaltungen vor allem zum Thema Naturschutz anbietet.

 DIE RUNDWANDERUNG um Boek im Süden des Nationalparks ist zwar mit elf Kilometern Länge nicht gerade kurz, aber einfach, ohne nennenswerte Höhenmeter (insgesamt 36), und sehr erlebnisreich. Startpunkt ist das Gutshaus Boek, von dem aus es vorbei an der St.-Johannis-Kirche und entlang eines Sandweges und eines Birkenwaldes geht. Danach wandern wir in einen Mischwald, kreuzen die Nationalparkstraße und folgen der Beschilderung zur ehemaligen Meierei Amalienhof. Anschließend wandern wir am Ufer des Woterfitzsees entlang und betrachten die Fischteiche darin. Dann quert erneut die Nationalparkstraße, bei der es nach links und zum Ferienpark Boeker Mühle geht. Danach marschieren wir in den Wald, vorbei am Campingplatz Boek und wieder zurück in den Ort.

ROMANTISCHE WASSERMÜHLE

An der Verbindungsstraße von Boek nach Rechlin liegt linker Hand am Straßenrand die **Bolter Mühle**. Das geschichtsträchtige Anwesen wurde im Jahr 1665 vom Johanniterorden angelegt – damit ist die Bolter Mühle eines der ältesten Gebäude der Müritz-Region. Der markante Backsteinbau ist nicht nur schön anzusehen, sondern stellte auch die erste schiffbare Verbindung zwischen Müritz und Berlin dar, nachdem die Mühle 1775 mitsamt Schleuse fertiggestellt war. Nach einer grundlegenden Modernisierung im Jahr 1851 war die Bolter Mühle bis 1910 in Betrieb.

1956 wurden die Brücke abgebaut, Schleuse und Mühlengraben zugeschüttet und ein Überlaufwehr eingerichtet. Den Mühlengraben hat man jedoch vor ein paar Jahren wieder geöffnet und ein Wasserrad (Schaurad) eingesetzt. Die Mühle steht heute als Eventlocation zur Verfügung, in den Sommermonaten dient sie als Urlaubsquartier. Das Gelände grenzt an die Kanuroute »Alte Fahrt«, die die Müritz mit der Ruppiner Seenplatte verbindet. Außerdem führen Rad- und Wanderwege an der Mühle vorbei und verbinden diese mit Boek beziehungsweise dem Nationalpark.

EINE ZEITREISE DURCH DIE TECHNIK

Bei so viel purer Natur tut ein Szenenwechsel vielleicht mal ganz gut. Im Ort Rechlin und innerhalb eines historischen Gebäudeensembles gibt es das Luftfahrttechnische Museum, in dem es neben Technik auch um die

Im Luftfahrttechnischen Museum ist die Geschichte der Luftfahrt Thema.

wertfrei dargestellte neuere Geschichte des Ortes und der militärischen Luftfahrt geht. Der Ort an sich ist schon geschichtsträchtig, denn Rechlin war ab 1916 eine Erprobungsstätte für die Flugzeuge und die Ausrüstung der deutschen Fliegergruppe, im Zweiten Weltkrieg war hier sogar die größte Erprobungsstelle der Luftwaffe. Von 1945 bis 1993 wurde das Gelände von der sowjetisch-russischen Luftwaffe genutzt und auch das Nachrichtenlager der NVA befand sich hier.

Ab 1948 wurden Teile des Anwesens zu einer Schiffswerft umfunktioniert, in der Sport-, Rettungs- und Militärboote für die Nationale Volksarmee der DDR produziert wurden. Deshalb zählen auch ein ehemaliges DDR-Grenzsicherungsboot und ein Torpedoschnellboot zu den Exponaten. Letzteres kann man nach Voranmeldung auch von innen besichtigen.

Viele erklärende Wandtafeln, die die ostdeutsche Geschichte und die Geschichte seit Beginn der Luftfahrt erläutern, eine moderne Ausstellungshalle, eine Darstellung über das Leben der Menschen, die hier arbeiteten und Flugzeuge, die zum Teil als ungewöhnliche Schnittmodelle präsentiert werden und deshalb einen guten Einblick gewähren, machen das Museum zu einem lohnenswerten Ausflug.

Ausstellungshalle mit alten Fluggeräten von 1917 bis 1925

AUF EINEN BLICK

Info

STADT/REGION: Müritz-Nationalpark
BESTE REISEZEIT: Mai–September
OPTIMALE REISEDAUER: 2–3 Tage
TOURISTINFO: Nationalpark-Service Müritz,
Damerower Straße 6, 17192 Kargow, Tel. 03991/66 88 49,
info@nationalpark-service.de,
www.nationalpark-service.de

SEHENSWÜRDIGKEITEN

WEISSE FLOTTE MÜRITZ: Hauptsitz: Strandstraße/Steinmole, 17192 Waren (Müritz), Tel. 03991/12 26 68, info@weisse-flotte-mueritz.de, www.weisse-flotte-mueritz.de
MÜRITZ RUNDUM: Tourismusverband Mecklenburgische Seenplatte e.V., Turnplatz 2, 17207 Röbel (Müritz), Tel. 039931/53 80, info@mecklenburgische-seenplatte.de, www.mueritz-rundum.de/angebot-mueritz-rundum
KUTSCHERCAFÉ: Boeker Straße, 17248 Rechlin OT Boek, Tel. 039823/270 88
GEFÜHRTE KUTSCHFAHRTEN ZUM WILDPARK BOEK: Tel. 039823/270 88 oder 0171/308 34 73
GUTSHAUS BOEK: Boeker Straße 36c, 17248 Rechlin, Tel. 039824/25 20
LUFTFAHRTTECHNISCHES MUSEUM RECHLIN E.V.: Am Claassee 1, 17248 Rechlin, Tel. 039823/204 24, info@luftfahrttechnisches-museum-rechlin.de, www.luftfahrttechnisches-museum-rechlin.de

Am Rande des Nationalparks liegt der Campingplatz Boek C16

CAMPINGPLATZ BOEK C16

ADRESSE: Boeker Straße, 17248 Rechlin OT Boek, Tel. 039823/218 07, info@campingplatz-boek.de, www.campingplatz-boek.de
ANFAHRT: Vom Ortszentrum Boek die Boeker Straße Richtung Südwesten fahren, der Campingplatz folgt im Wald linker Hand.
GPS: N 53°23'46'', E 12°47'17''

Der von Wald umgebene große Natur-Campingplatz liegt direkt am Ufer der Müritz und nur ein paar Meter durch den Wald vom Ort Boek entfernt am Rande des Müritz-Nationalparks.

 **DAS HIGHLIGHT** des großen Platzes ist sein direkter Wasserzugang mit Sandstrand und Liegewiese, sodass man hier nicht nur Badeurlaub machen, sondern auch alle Arten von Wassersport praktizieren kann. Der Platz verfügt über eine eigene Surf- und Kanubasis sowie eine Kite-Surf-Strecke.

STELLPLATZ NATIONALPARK-SERVICE MÜRITZ

ADRESSE: Damerower Straße 6, 17192 Kargow, Tel. 03991/66 88 49, info@nationalpark-service.de, www.nationalpark-service.de
ANFAHRT: Von Waren aus über die Mecklenburger Straße, den Federower Weg und die Damerower Straße nach Federow fahren, der Nationalpark-Service und die Stellplätze befinden sich zentral im Ort. Hinweis: Eine Zufahrt aus Richtung Boek ist nicht möglich.
GPS: N 53°29'03'', E 12°45'35''

Anfang 2020 neu eröffneter Stellplatz direkt neben dem Informationszentrum des Nationalparks im Kargower Ortsteil Federow für 16 Wohnmobile auf befestigtem Untergrund (Parkplatz). Der Platz ist ganzjährig rund um die Uhr zugänglich, jeder Stellplatz verfügt über einen eigenen Stromanschluss, bezahlbar mit Münzeinwurf. Auch Ver- und Entsorgung vorhanden, beides funktioniert ebenfalls mit Münzeinwurf. W-LAN verfügbar. Im Restaurant auf der anderen Straßenseite gibt es morgens Brötchen. Der Stellplatz ist ein hervorragender Ausgangspunkt für Wanderungen und Radtouren.

TOURISTISCHER KURORT IM ZENTRUM

Das Heilbad Waren, der Hauptort an der Müritz

Mediterrane Stimmung im Kurort Waren an der Müritz

Flächenmäßig ist Waren an der Müritz der zweitgrößte Ort in Mecklen-burg-Vorpommern, bezüglich der Bevölkerung (21 000 Einwohner) ist es der achtgrößte. Mit der Lage an der Müritz und dem Nationalpark ist Waren neben dem umfangreichen Angebot der Stadt selbst der perfek-te Ausgangspunkt für Naturentdeckungen.

Waren ist eine lebendige Stadt mit vielen Museen, Kirchen und Gärten, Kunst und Kultur – und Wasser! Außer an der Müritz liegt der Ort noch direkt an beziehungsweise nahe fünf weiterer Seen. Dem Stadthafen kommt demnach eine große Bedeutung zu, hier starten die Schiffsrundfahrten der Weißen Flotte (siehe Nr. 10) und mit dem maritimen Fest »Müritz Sail« findet jährlich am letzten Wochenende im Mai ein kulturelles Highlight statt. Reisemobilisten finden im Innenstadtbereich sowohl ausreichend Parkplätze als auch Wohnmobilstellplätze.

QUIRLIGER KURORT

Erst 2012 wurde Waren als staatlich anerkanntes Heilbad ausgezeichnet – und wurde damit zum ersten Heilbad der Seenplatte. Die Lage an der Binnenmüritz und die gute Erreichbarkeit der Nationalparkgemeinden Federow, Schwarzenhof und Speck tragen dazu bei, dass die Infrastruk-tur des Ortes ganz auf den Tourismus ausgerichtet ist. Das fängt bei der reizenden Altstadt mit den beiden Kirchen, dem Rathaus und dem Markt an, geht weiter über den umtriebigen Stadthafen bis hin zu zahlreichen Museen, allen voran das außergewöhnliche Müritzeum (siehe im Folgenden). In der historischen Altstadt dominieren wunderschöne alte Bauten das Bild, allen voran das Alte und das Neue Rathaus, die beide von histori-schen Fachwerk- und Bürgerhäusern umgeben sind. In der Altstadt spielt sich aber auch ein buntes Einkaufsleben ab; nicht nur in den Läden und Shops auf der Shoppingmeile Lange Straße, sondern auch auf Wochen-, Kunst und Flohmärkten. Im Zentrum der Altstadt finden auf dem Neuen Markt die Grünen Märkte mit dem Verkauf regionaler Produkte statt. Hier kann man auch das Neue Rathaus im Stil der Tudorgotik begutachten. Es wurde 1988 rekonstruiert, und unter seinen Arkaden befindet sich die alte Ratswaage mit einem langen Wägebalken. Im Obergeschoss des Neuen Rathauses zeigt das Stadtgeschichtliche Museum eine Dauerausstellung zur Geschichte Warens. Und schließlich befindet sich auch das Haus des Gastes am neuen Markt; hier ist in einem denkmalgeschützten Fachwerkhaus die Touristinformation sehr stilvoll untergebracht.

Im eher schlichten Backstein-Outfit steht das Alte Rathaus im starken Kontrast zur Putzbauweise, in dem das Neue Rathaus gestaltet ist. Es ist das älteste weltliche Gebäude der Stadt, sein Kern reicht bis ins 14. Jahrhundert zurück. Die ältesten Bestandteile der St.-Marien-Kirche sind der Feldsteinchor und die Sakristei, beides stammt aus dem 13. Jahrhundert. Damit ist die Kirche das älteste Gebäude der Stadt. Im 14. Jahrhundert wurde das Gotteshaus um ein dreischiffiges gotisches Langhaus erweitert. Nachdem die Marienkirche im Dreißigjährigen Krieg ausgebrannt war und lange eine Ruine blieb, wurde sie von 1790 bis 1792 im klassizistischen Stil wiederaufgebaut. Auf 45 Metern Höhe erreicht man über 176 Treppenstufen eine Aussichtsplattform auf dem Kirchturm, von der aus man die Stadt und das Umland mit den genannten Seen betrachten kann.

Das zweite bedeutende Gotteshaus am Ort ist die St.-Georg-Kirche. Ursprünglich im 14. Jahrhundert als Backstein-Basilika errichtet, erfuhr das sakrale Bauwerk im Laufe der Jahrhunderte mehrere Umbauten und Neugestaltungen, da auch sie im Laufe der Zeit mehrfach ausbrannte. Ihre jetzige neugotische Ausgestaltung erhielt sie Mitte des 19. Jahrhunderts. Erhaltene mittelalterliche Elemente sind der wuchtige Turm und die mächtigen Pfeiler. Sehenswert im Innern sind die bunten Fenster des Chorraums und in den Seitenschiffen.

Sind Sie zufällig am zweiten Juliwochenende in der Stadt? Dann lassen Sie sich vom Trubel mitreißen, der beim Müritzfest herrscht. Auf zahlreichen Bühnen werden Kunst und verschiedene Erlebniswelten angeboten. Ein Feuerwerk, der Festumzug am Samstag und der Rummel auf dem Festplatz sind die Höhepunkte des kurzweiligen Wochenendes. Informationen und das Programm findet man unter www.mueritzfest.de.

Wenden wir uns dem Randbereich der Altstadt und dem Stadthafen zu. An den Liegeplätzen können wir die Boote bewundern, die hier ankern, wir können zu einer Schiffsrundfahrt auf der Müritz und der Mecklen-

Platz Neuer Markt mit dem Neuen Rathaus

burgischen Seenplatte starten oder in den zahlreichen Restaurants und Cafés einkehren sowie in den Souvenirshops nach Mitbringseln stöbern. Nicht zu vergessen ist die Promenade, die zum Schlendern einlädt. Oder wie wäre es mal mit etwas ganz anderem, einer **Floßfahrt** zum Beispiel? Bei der Touristinformation kann man einen Tagestörn inklusive Fischräuchern und -essen an Bord buchen. Die Tour findet in der Saison immer donnerstags von 10.30 bis 18 Uhr statt, Treffpunkt ist das Wirtshaus zur Eibe in Jabel, nordwestlich von Müritz. Wer eigenständig mit dem Floß losschippern möchte, kann führerscheinfrei beim Anbieter Ferienkontor eine Floßtour mit »Tommy« unternehmen und das gut ausgestattete Floß mit Rutsche für die Kids einen Tag lang nutzen. Derselbe Anbieter vermietet auch Ruderboote, Kanus oder Motorboote.

 **AUTHENTISCH** geht es zu auf dem alten Frachter »Räucherkahn«, einem Verkaufsschiff, das an der Steinmole und am Ende der Seepromenade fest vertäut liegt. Hier gibt es erstklassige Fischbrötchen mit Räucheraal, Forelle oder Matjeshering, Lachsfrikadellen, leckere Fischgerichte oder auch klassisch-britisch Fish & Chips. Alles sowohl zum Mitnehmen als auch zum Verspeisen vor Ort auf der Terrasse des Schiffes. Sehr urig, sehr lecker, sehr preisgünstig. Zu finden in der Strandstraße, 17192 Waren, Tel. 03991/66 46 95, www.raeucherkahn.de.

Am Schiffsanleger Steinmole trifft man nicht nur auf Schiffe, hier starten auch die Stadtrundfahrten mit der nostalgischen Tschu-Tschu-Bahn. Die Fahrgäste lernen an Bord die Sehenswürdigkeiten der Stadt kennen, kommen an den historischen Gebäuden vorbei und können am Start- und Endpunkt Steinmole auch bequem aufs Schiff umsteigen. Eine Rundfahrt dauert etwa 50 Minuten, angeboten werden die Fahrten ab Ostern beziehungsweise ab April und finden bis Ende Oktober statt.

Nur wenige Gehminuten vom historischen Stadtzentrum entfernt wird auf der Freilichtbühne Waren die Müritz-Saga aufgeführt. Mit aufwendigen und fantasievollen Bühnenbildern, in historischen Kostümen, mit Reiterei und Musik wird der Besucher von diesem familienfreundlichen Theaterabenteuer in die Vergangenheit der Müritz-Region entführt.

◀ Flanieren an der Stadthafenpromenade ▶ Interaktives Müritzeum

HIGHLIGHT DER STADT: DAS MÜRITZEUM

Waren und das Müritzeum sind praktisch ein- und dasselbe. Das Müritzeum ist bei einem Besuch der Stadt oder der Umgebung ein absolutes Muss, nicht nur für Naturliebhaber und -interessenten. Mit viel Interaktion, Liebe zum Detail, multimedialen Komponenten und einem großen Angebot an Informationen ist der Aufenthalt in dem modernen Museum äußerst kurzweilig für Kinder und Erwachsene. Über zwei Etagen erstreckt sich die Ausstellung, die im Untergeschoss eine riesige Aquarienlandschaft beherbergt. Hier kann man eine faszinierende Unterwasserwelt anhand von 26 naturnah gestalteten Aquarien hautnah erleben und kennenlernen. Neben 50 verschiedenen Fischarten tummeln sich Krebse, Sumpfschild-

kröten, Muscheln und Schnecken in den Becken. Über beide Stockwerke erstreckt sich ein riesiges Becken, in dem ein Schwarm von Großmaränen seine Runden zieht. Durch ein Panoramafenster kann man einen Blick in die heimische Unterwasserwelt werfen, denn direkt vor dem Gebäude befindet sich der Herrensee, bis auf dessen Grund man durch die Glasscheibe blicken kann.

Das Erdgeschoss präsentiert in voneinander abgetrennten Bereichen die Vogelwelt, Wald und Natur der Seenplatte. Um den Blick aus der Vogelperspektive zu simulieren, kann man in der Vogelwelt eine Fahrt im Heißluftballon unternehmen – faszinierend rauscht die Landschaft unter dem Korb des Ballons vorbei. Den Vogelstimmen kann man außerdem im Konzertsaal lauschen und im Vogelsaal erhält man einen Eindruck davon, wie scharf ein Adler sehen kann.

Bei einer Wanderung durch den Waldraum begegnet man Baumriesen biblischen Alters, lernt vieles über die Wälder der Mecklenburgischen Seenplatte und wie wichtig das Holz als Rohstoff für Handwerk und Industrie ist. Im Moorraum werden die dschungelartigen Waldmoore des Müritz-Nationalparks vorgestellt sowie ihre typischen Bewohner. Alte Mythen und Sagen begleiten den Weg durchs Moor. Eine Zeitreise bringt uns schließlich zurück in die Eiszeit vor etwa 20 000 Jahren, die die Müritz-Region überhaupt erst gestaltet hat – über das Mittelalter, den Wandel von Natur- und Kulturlandschaften hin zu ersten Dörfern und Städten geht es in die Jetztzeit, in der es immer noch stellenweise erstaunlich wild und ursprünglich zugeht. Ein Erlebniskino mit einer Multivisionsschau rundet den Museumsbesuch im Innenbereich ab.

Draußen geht es aber weiter: Der Museumsgarten mit dem oben genannten Herrensee lädt abschließend nicht nur zum Spaziergang ein, hier können die Besucher auch alte Bäume betrachten und Wasservögel beobachten und einen Naturlehrpfad rund um den See begehen. Kinder toben sich auf dem Abenteuerspielplatz aus. Im historischen Haus der Sammlungen gibt es eine Dauerausstellung zum Thema »Natur im Sammelschrank« mit seltenen, ausgestorbenen Tieren und Pflanzen sowie wechselnde Sonderausstellungen. Regelmäßige Aktionstage, Events, Sonderausstellungen und Führungen durch das Museum (www.mueritzeum.de/de/fuer_besucher/fuehrungen) vervollständigen das Angebot.

UND NOCH MEHR WASSER …

Durch einen flachen Graben mit der Müritz verbunden ist der Feisnecksee am südöstlichen Stadtrand von Waren. Der See gehört zum Müritz-Nationalpark, verfügt über eine Badestelle am Nordufer und es umgibt ihn ein etwa 8,5 Kilometer langer Rundweg. Eine malerische Landbrücke schiebt sich zwischen die Müritz und den Tiefwarensee, an dem es Wassersportaktivitäten gibt (Kanu- und Bootsverleih). Ein ungefähr zehn Kilometer langer Eiszeitlehrpfad umgibt den See, den man zu Fuß oder mit dem Fahrrad erkunden kann. Ein kleiner, aber bezaubernder botanischer Schaugarten befindet sich auf einer kleinen Landzunge am Tiefwarensee. Spektakulär schön sind die Sonnenuntergänge an der Promenade der Binnenmüritz. Westlich von Waren liegt der Kölpinsee, der zur Elde-Müritz-Wasserstraße gehört und von Wäldern und Naturschutzgebieten umgeben ist. Noch weiter westlich folgt der Fleesensee, der über einen Kanal mit dem Kölpinsee verbunden ist. Von den über 100 Seen im Müritz-Nationalpark versammeln sich eine ganze Menge rund um Waren.

Ein Event der Extraklasse ist übrigens inzwischen die Müritz Sail, ein Volksfest an den Ufern der Müritz, das jährlich Ende Mai/Anfang Juni bis zu 60 000 Besucher nach Waren lockt. Längst mehr als nur die kleine Schwester der Hanse Sail kann man die großen Windjammer bestaunen, den Segelregatten und dem Festumzug zuschauen, der von der Altstadt aus zum Stadthafen führt. Dort finden Drachenbootrennen und Fischerstechen statt und außerdem beginnt hier die Vergnügungsmeile mit Bühne, Festzelten, Verkaufsständen und Fahrgeschäften. Einer der Höhepunkte der maritimen Veranstaltung ist das Höhenfeuerwerk über der Binnenmüritz.

Tipp

Mit dem Wassercamper wird das Wohnmobil zum Hausboot umfunktioniert. Dann kann man auf dem Wasser campen, Wohnmobile bis viereinhalb Tonnen und bis acht Meter Länge können auf diese Weise transportiert werden – und das ohne Führerschein. Bei der Charterbasis am Stadthafen von Waren (Müritz) geht es los, dieser Liegeplatz kann kostenlos genutzt werden. Preise und genauere Informationen unter www.mueritzboot.de.

BÄRIG COOLER WALD

Die Wildnis der Bären erleben kann man im **Bärenwald Müritz**. Braunbären, die zum Teil aus schlechter Haltung gerettet wurden, leben naturnah in einem informativen und weitläufigen Park. Es ist Europas größtes Bärenschutzzentrum mit einem naturbelassenen Wald, in dem die Bären tiergerecht ihren Lebensabend verbringen dürfen. So können sie ihre Instinkte wiederentdecken und ihr natürliches Verhalten ausleben. Man kann sie beobachten, während sie durch den Wald streifen, im Teich planschen oder am Bachlauf spielen.

Tiergerecht verbringen Braunbären ihren Lebensabend im Bärenwald.

Ein Wanderweg führt durch den Wald des 16 Hektar großen Geländes. Wenn sich die Bären zurückziehen möchten, haben sie die Möglichkeit dazu – das ist Tierschutz. Es gibt Erlebnisstationen im Bärenwald wie beispielsweise ein Naturentdeckerpfad mit Labyrinth und Höhenpfad, Bärenführungen sowie Natur- und Umweltbildungsangebote. Für Kinder stehen ein Abenteuer-Waldspielplatz und Spiel- und Ausstellungsstationen zur Verfügung. Auf dem Gelände befindet sich außerdem ein Besucherzentrum mit einem Bio-Bistro, einer Bären-Akademie und einer Bibliothek.

Als Hotel wird das schmucke Schloss Klink genutzt.

HINAUF IN LUFTIGE HÖHEN

In einer professionellen Anlage kann man sich in verschiedenen Schwierigkeitsstufen beim Kletterwald Müritz in luftige Höhen wagen. Egal, ob Anfänger oder Kletterprofi – für alle gibt es eine ausführliche Einweisung, bevor es losgeht. Neun Parcours und 100 Kletterelemente stehen zur Verfügung. Die Parcours sind mit Namen versehen und heißen »Greenhorn«, »Robin Hood« und »Nervenkitzel« – das lässt schon auf den jeweils zu erwartenden Schwierigkeitsgrad schließen …

Zwischen drei und zwölf Meter hoch sind die Stationen des Kletterwaldes, die aus Kletternetzen, schwingenden Balken, Seilkonstruktionen, Tunneln und Kletterwänden bestehen. Auf sieben Seilbahnen sind rasante Abfahrten möglich, die bis zu 80 Meter lang sind. Kinder dürfen ab sechs Jahren mit einem Erziehungsberechtigten zusammen klettern, es sind die Altersbeschränkungen der einzelnen Parcours zu beachten.

DIE LOIRE-SCHLÖSSER ALS VORBILD

Direkt an der Müritz und auf der oben beschriebenen Landzunge zwischen der Müritz und dem Kölpinsee liegt das herrschaftliche Schloss Klink. Hervorgegangen aus einem ehemaligen Gutshaus entstand 1898 ein Schloss im Stil der Neorenaissance nach dem Vorbild der Schlösser an der französischen Loire. Märchenhaft wirkt der zweigeschossige Putzbau mit dem steilen Dach vor allem durch seine runden Ecktürmchen und die Zwerchhäuser. Verziert ist Schloss Klink mit Terrakotta und Sandstein.

Nach 1945 diente das Schloss zunächst als Kommandantur der Roten Armee, wurde später zum Volkseigenen Betrieb und ab 1971 als Schulungs- und Erholungsobjekt genutzt. Seit 1998 fungiert es als Hotel mit

angeschlossener Gastronomie. Dadurch ist es zwar kein öffentlich zu be-
sichtigendes Schloss, aber dennoch schön anzusehen und das von allen
Seiten. Denn zwischen dem Schloss und dem Ufer der Müritz befindet
sich eine gepflegte Grünanlage, an der man auch als Nicht-Hotelgast
entlangschlendern kann. Ein kleiner Hafen mit Bootssteg und Badestellen
ergänzen die malerische Szene.

Das Schloss liegt außerhalb von Waren und ist vom ebenfalls außerhalb
gelegenen Campingplatz Kamerun aus in einem kurzen Abstecher von
fünf Kilometern erreichbar.

 ## SEHENSWÜRDIGKEITEN

HEIMAT- UND STADTGESCHICHTLICHES MUSEUM WAREN:
Neuer Markt 1, 17192 Waren (Müritz), Tel. 03991/17 73 52
FERIENKONTOR MÜRITZ: Strandstraße 3b, 17192 Waren (Müritz),
Tel. 02521/67 16, info@mueritz-seepark.de,
www.mueritz-seepark.de
FREILICHTBÜHNE WAREN: Richard-Wossidlo-Straße 5c,
17192 Waren (Müritz), Tel. 0177/700 60 12,
info@mueritz-saga.de, www.mueritz-saga.de
MÜRITZ TSCHU-TSCHU-BAHN: Reederei Pickran,
Kirchenstraße 2, 17213 Malchow, Tel. 039932/145 44,
info@pickran.de, www.pickran.de/tschutschu.html
MÜRITZEUM: Zu Steinmole 1, 17192 Waren (Müritz),
Tel. 03991/63 36 80, info@mueritzeum.de, www.mueritzeum.de
BÄRENWALD MÜRITZ: Am Bärenwald 1, 17209 Stuer,
Tel. 039924/791 18, info@baerenwald-mueritz.de,
www.baerenwald-mueritz.de
KLETTERWALD MÜRITZ: Kameruner Weg 4, 17192 Waren
(Müritz), Tel. 03991/63 12 26, www.kletterwald-mueritz.de
SCHLOSS KLINK: Schlossstraße 6, 17192 Klink,
Tel. 03991/74 70, information@schlosshotel-klink.de,
www.schlosshotel-klink.de

AUF EINEN BLICK

Info

STADT/REGION: Waren/Müritz
BESTE REISEZEIT: Ganzjährig
OPTIMALE REISEDAUER: 2–3 Tage
TOURISTINFO: Waren (Müritz) Kur- und Tourismus GmbH,
Neuer Markt 21, 17192 Waren (Müritz), Tel. 03991/74 77 90,
info@waren-tourismus.de, www.waren-tourismus.de

WOHNMOBILSTELLPLATZ BLUMEN UND PARKEN

ADRESSE: Mecklenburger Straße, 17192 Waren (Müritz),
Tel. 03991/66 85 57 oder 0173/207 07 38, blupa@alice.de,
www.blumen-und-parken.de
ANFAHRT: Vom Stadthafen in Waren (Müritz) die Rosenthalstraße
bis Abzweig Papenbergstraße fahren, dort links und im Kreisel die
dritte Ausfahrt auf die Mecklenburger Straße. Der Stellplatz ist
direkt rechter Hand.
GPS: N 53°30'48', E 12°41'40''
Recht großer Platz in der Nähe der Altstadt und des Hafens für etwa
40 Reisemobile. Überwiegend eben und zum Teil mit Schatten und
geschottertem Untergrund. Das Zentrum ist bequem zu Fuß erreichbar und ein Anschluss an öffentliche Verkehrsmittel (Nutzung in der
Kurtaxe enthalten) befindet sich ganz in der Nähe. Ältere, aber saubere
Sanitäranlagen, Wasser, Strom und Entsorgung vorhanden (jeweils
gebührenpflichtig). Anmeldung und Bezahlung im Blumenladen. In
der Hochsaison sehr begehrter Platz, oft voll (Reservierung möglich).

CAMPING- UND WOHNMOBILPARK KAMERUN WAREN (MÜRITZ)

ADRESSE: Zur stillen Bucht 3, 17192 Waren (Müritz),
Tel. 03991/12 24 06, info-waren@campingtour-mv.de,
www.campingtour-mv.de/waren
ANFAHRT: Aus Richtung Waren (Müritz) kommend die B192 in süd-
westliche Richtung fahren. 3,6 Kilometer nach dem Müritzeum führt
nach links die Straße Zur stillen Bucht direkt zum Campingplatz.
GPS: N 53°30'44'', E 12°39'03''

Exklusiver Wohnmobilhafen des Campingplatzes Kamerun

Großer Ferienpark direkt am Ufer der Müritz mit Snackbar und Biergarten am eigenen Sandstrand.

VIELE FREIZEITAKTIVITÄTEN: An einem Wassersportcenter kann man Kurse belegen, Touren buchen und Motorboote, Kajaks, Kanus oder Stehpaddel-Boards mieten.

Es gibt ein umfangreiches Animationsprogramm, Showbühnen, einen Spielplatz und die Möglichkeit, den Wohnwagen zum Hausboot umzufunktionieren. Die Sanitäranlagen bei der Rezeption sind herausragend und im afrikanischen Stil gehalten mit kunstvollen Wandmalereien – dort gibt es auch eine Lodge mit Restaurant und Brötchen- sowie Frühstücksservice. All das hat natürlich seinen Preis. Etwas Geld sparen kann man auf dem ungewöhnlich schönen Wohnmobilhafen außerhalb der Schranke. Auch diese Plätze sind großzügig angelegt und genauso gut ausgestattet wie die innerhalb des Campingparks. Dann bezahlt man die Sanitärnutzung separat.

AM WESTLICHEN UFER DER MÜRITZ

Röbel, die »Bunte Stadt am Kleinen Meer«

Aus der Altstadt ragt die St.-Marien-Kirche heraus.

Mit dem Müritz-Nationalpark und dem umtriebigen Städtchen Waren (Müritz) ist die Erkundung der Müritz-Region noch lange nicht abgeschlossen. Am Westufer wartet der idyllische Ort Röbel mit einer farbenfrohen Altstadt, einem schicken Hafen mit Uferpromenade und nicht zuletzt mit einer historischen Holländermühle auf.

Nicht nur der beschauliche und fröhliche Ort Röbel selbst, sondern auch das Umfeld kann sich sehen lassen. Wassersport wird hier großgeschrieben, denn die Lage der Ortschaft zwischen Wäldern und der Müritz eröffnet viele Möglichkeiten, die Natur zu Land und zu Wasser zu erkunden. Dazu kommen ein umfangreiches kulturelles Angebot und eine gute touristische Infrastruktur.

FRÖHLICHER HAFENORT

Die Röbeler selbst nennen ihr Städtchen liebevoll die „Bunte Stadt am Kleinen Meer". Die Lage an der langgestreckten Bucht ist für den hohen Freizeitwert zuständig, die bunten Fachwerkhäuschen und die erhabene Windmühle inmitten der Stadt sorgen für Mittelalterfeeling und die Uferpromenade mit den Anlegestellen, den einladenden Restaurants und Cafés und den alten Bootshäusern tragen zum maritimen Flair bei.

Die farbenfrohe Altstadt ist höchst sehenswert, denn liebevoll saniert und in fröhlichen Farben gestrichen haben die Gebäude einen skandinavischen Einschlag. Der mittelalterliche Stadtkern ist gut erhalten. Die frühgotische St.-Marien-Kirche ragt aus der Altstadt empor. Sie ist eine von zwei Kirchen des Städtchens Röbel, das ursprünglich aus zwei Siedlungen bestand – das ist die Erklärung dafür, dass ein so kleiner Ort zwei Kirchen hat. Die St.-Marien-Kirche wurde Mitte des 13. Jahrhunderts an die Stelle eines früheren Tempels gebaut. Ein Panoramablick ist von der 58 Meter hohen Aussichtsplattform möglich.

Die zweite Kirche ist die St.-Nikolai-Kirche, die sich in der Neustadt direkt neben dem Rathaus am Marktplatz befindet. Sie wurde 1805 im klassizistischen Stil erbaut und 1999 umfassend restauriert. Auch auf diesen Turm kann man hinaufsteigen, er ist mit 70 Metern sogar noch höher als der andere Kirchturm des Ortes – dennoch dominieren beide Kirchtürme gleichermaßen die Silhouette des Städtchens.

WER AUF EIGENE FAUST, aber dennoch mit Anleitung einen Stadtrundgang unternehmen möchte, kann sich hierfür bei der Touristinformation im Haus des Gastes ein Faltblatt besorgen, in dem zwei historische Stadtrundgänge angeboten werden. In zwei unterschiedlichen Längen führen die Rundgänge durch Röbel und an den Sehenswürdigkeiten vorbei, dabei werden zu den einzelnen Stationen Anekdoten und Geschichten erzählt sowie Informationen und Wissenswertes vermittelt.

Das Haus des Gastes selbst stellt ein attraktives Besuchsziel dar. Hier finden nicht nur kulturelle Veranstaltungen statt, sondern von Mitte Juni bis Mitte September werden auch informative Gästebegrüßungs-Veranstaltungen für Urlauber angeboten. Hinter dem Haus lädt ein gepflegt angelegter Bürgergarten zum Genießen der Schönheit der Natur und zum Verweilen unter alten Bäumen ein. In der Parkanlage befinden sich eine kleine Aussichtsplattform sowie eine Freilichtbühne, auf der bei gutem Wetter ebenfalls Kulturveranstaltungen stattfinden. Ein kurzer Spaziergang führt zum Steg an der Müritz. Im Obergeschoss des Hauses ist das stadtgeschichtliche Museum Heimatstuben untergebracht. Hier wird Wissenswertes und Informatives zur Stadtgeschichte des Ortes Röbel vermittelt. Neben einer Dauerausstellung werden wechselnde Sonderausstellungen angeboten.

Wenden wir uns dem Hafen und dem Wasserbereich zu. An der langen Uferpromenade legen Fahrgastschiffe zu Rundfahrten auf der Müritz ab. Spaziergänger schlendern die Promenade entlang oder lassen den Blick von einer Bank aus über die Müritz schweifen. Im Rahmen von geführten Bootstouren kann man das »Kleine Meer« ebenso genießen wie beim Schwimmen an den zahlreichen Badestellen.

Für Wassersportler bietet Röbel mit der Lage an der Müritz-Elde-Wasserstraße eine perfekte Ausgangslage. Das ist ein schiffbarer Wasserweg zwischen Hamburg und Berlin. Da der Wassersport in Röbel eine lange Tradition hat, gibt es am Müritz-Ufer auch einen Segelhafen, ein Regattagelände und einen Rastplatz für Wasserwanderer. Im Ort kann man Boote mieten, wobei die Angebotspalette vom Kanu über Segelschiffe bis hin zu Hausbooten reicht.

▲ Fachwerk und bunte Farben dominieren die Röbeler Altstadt.
◀ Lauschige Uferpromenade ▶ Prachtstück Röbeler Windmühle

Wer bislang dem Müritz-Nationalpark keinen Besuch abgestattet hat, bekommt in Röbel die Gelegenheit dazu: Das Naturparadies und Schutzgebiet bedrohter Tierarten befindet sich am gegenüberliegenden Müritz-Ufer, wäre also beispielsweise im Rahmen einer Schifffahrt erreichbar.
Highlight und Perle ist die restaurierte Röbeler Windmühle. Die malerische Galerieholländer-Windmühle wurde 1835 errichtet, steht unter Denkmalschutz und thront auf einem künstlichen alten Burghügel. Die Mühle hat in jüngster Zeit einige Veränderungen hinter sich gebracht: Von 1930 bis 1990 als Jugendherberge genutzt, stand sie danach lange leer und brannte schließlich sogar komplett nieder. 2006 wurde sie umfassend saniert und wird seitdem von einem Heimatverein betrieben. Von Mai bis Oktober wird die Mühle für monatlich wechselnde Ausstellungen zur Verfügung gestellt, in denen sowohl Hobbykünstler aus der Umgebung als auch namhafte

▲ Zentrum der Neustadt: die St.-Nikolai-Kirche ▼ Scheune Bollewick

Künstler ihre Werke in Fotografie und Malerei zeigen. Außerdem ist die Mühle von Mai bis Oktober täglich zwischen 11 und 17 Uhr geöffnet. Ein freundlicher Mitarbeiter beantwortet gerne Fragen zur Mühle und deren Geschichte. Der Eintritt ist kostenlos, eine Spende ist erwünscht. Rund um die Mühle kann man mit einem Wohnmobil nicht parken, hier sind die Straßen zu eng. Am 650 Meter entfernten Parkplatz Töpferwall finden aber auch große Wohnmobile Platz.

Nicht nur, wenn das Wetter einmal nicht mitspielt, ist die Müritztherme einen Besuch wert. Ausgestattet mit Schwimmbad nebst Riesenrutsche und Strömungskanal, mehreren Saunen, Bowlingbahn und Fitnessbereich kann man hier trotz überschaubarer Größe des ganzen Bades schon mal einen ganzen Tag verbringen.

NICHT NUR KUNST UND KULTUR

Kultur, Ausstellungen und Märkte auf drei Etagen – was einst hunderte von Kühen als Stall nutzten, beherbergt heute eine bemerkenswerte Sammlung von Läden, Werkstätten und Kunsthandwerk. Nicht nur die besondere Atmosphäre der alten Scheune Bollewick, sondern auch die regionalen Produkte, die man probieren und erwerben kann, die Möglichkeiten, Künstlern bei der Arbeit über die Schulter zu schauen, und das architektonisch besondere Feldsteingebäude machen die Scheune zu einem reizvollen Ausflugsziel. Diverse Veranstaltungen (wie zum Beispiel das traditionelle Weihnachtskonzert der Neubrandenburger Philharmonie), Gastronomie und touristische Ausstellungen zur Müritz-Region vervollständigen das Angebot.

1981 erbaut, ist die Scheune 125 Meter lang und 34 Meter breit und war zu Bauzeiten das größte Gebäude dieser Art in ganz Mecklenburg.

UND NOCH EINE MÜHLE

In Gotthun, fünf Kilometer nördlich von Röbel, befindet sich etwa 50 Meter neben der Straße L24 die Erdholländer-Windmühle Schamper Mühle aus dem Jahr 1810. Sie ist unvollständig, weil ihr die Flügel fehlen, aber dadurch ein sehr ausgefallenes Fotomotiv. Die Mühle ist restauriert und gehört zu einer Gaststätte mit Pensionsbetrieb, die direkt an der L24 liegt. In der Mühle selbst stehen Gästen Ferienwohnungen zur Verfügung.

AUF EINEN BLICK

STADT/REGION: Röbel/Müritz
BESTE REISEZEIT: Ganzjährig
OPTIMALE REISEDAUER: 1–2 Tage
TOURISTINFO: Haus des Gastes Röbel (Müritz), Straße der deutschen Einheit 7, 17207 Röbel (Müritz), Tel. 039931/801 13, stadtinfo.roebel@t-online.de,
www.stadt-roebel.de/reiseziele/haus-des-gastes-roebel

SEHENSWÜRDIGKEITEN

ST.-MARIEN-KIRCHE: Straße der deutschen Einheit 14, 17207 Röbel (Müritz), Tel. 039931/526 85
ST.-NIKOLAI-KIRCHE: Marktplatz 1b, 17207 Röbel (Müritz), Tel. 039931/526 85
STADTGESCHICHTLICHES MUSEUM HEIMATSTUBEN: Haus des Gastes Röbel (Müritz), Straße der deutschen Einheit 7, 17207 Röbel (Müritz), Tel. 039931/801 13, stadtinfo.roebel@t-online.de, www.stadt-roebel.de/reiseziele/haus-des-gastes-roebel
RÖBELER WINDMÜHLE: Mühlenberg, 17207 Röbel (Müritz)
MÜRITZTHERME: Am Gotthunskamp 14, 17207 Röbel (Müritz), Tel. 039931/878 19, info@mueritztherme.com, www.mueritztherme.com
SCHEUNE BOLLEWICK: Dudel 1, 17207 Röbel/Bollewick, Tel. 039931/520 09, diescheunebollewick@t-online.de, www.scheune-bollewick.de

Etwas außerhalb von Röbel liegt sehr ruhig der Campingplatz Pappelbucht.

CAMPINGPLATZ PAPPELBUCHT

ADRESSE: Seebadstraße 38a, 17207 Röbel (Müritz),
Tel. 039931/591 13, info@mueritztherme.com,
www.mueritztherme.com/camping
ANFAHRT: Vom Zentrum Röbel der Seebadstraße in nordöstliche
Richtung folgen, der Campingplatz folgt nach dem Wohngebiet
rechter Hand.
GPS: N 53°23'36'', E 12°37'22'

Das große Campingplatzgelände liegt direkt am Müritz-Ufer mit kostenlosem Zugang zum Strandbad MüritzBad für die Gäste des Platzes.
Unter vielen Bäumen befinden sich 150 Stellplätze für Wohnmobile,
Wohnwagen und Zelte. Viele Freizeitmöglichkeiten wie Fußball, Tischtennis, Schach und Beachvolleyball werden angeboten. Man kann
Kanus und Fahrräder ausleihen und erhält zudem an der Anmeldung
Rad- und Wasserkarten. Außerdem gibt es einen Imbiss sowie einen
Brötchenservice. Alle Anschlüsse sowie Ver- und Entsorgung vorhanden.

WOHNMOBILSTELLPLATZ MARINA RÖBEL

ADRESSE: Müritzpromenade 20, 17207 Röbel (Müritz),
Tel. 039931/83 99 00, info@marina-roebel-mueritz.de,
www.marina-roebel-mueritz.de
ANFAHRT: Vom Zentrum Röbel zunächst ein kurzes Stück der Seebadstraße in nordöstliche Richtung folgen, dann nach rechts auf
die Müritzpromenade abbiegen – diese trifft direkt auf die Marina.
GPS: N 53°23'09'', E12°36'47''

Die Stellplätze am Hafen verfügen teilweise über Seeblick auf die Müritz. Wasser und Strom sowie W-LAN, Entsorgungsmöglichkeiten und
moderne und blitzsaubere Sanitäranlagen sind vorhanden, ebenso
eine Gaststätte mit leckerem Essen auf dem Gelände. Mit moderner
Infrastruktur ausgestatteter Platz, dafür ein bisschen teurer. Man kann
Boote ausleihen und in der Nähe befindet sich eine Badestelle. Gute
Lage am Hafen und stadtnah. Zu den Brötchen kann man auch Milch
und frische Eier bestellen. Der Untergrund der Stellplätze ist unterschiedlich und reicht von Pflastersteinen bis zu naturbelassener Wiese.

LEUCHTTURM UND MITTELALTERBURG

Reizendes Plau am See und seine Kontraste

Unendliche Weite – der Plauer See ist der siebtgrößte See Deutschlands.

Mit dem Luftkurort Plau am See hat man die perfekte Ausgangsposition, um so ziemlich alle möglichen Aktivitäten zu unternehmen: Schwimmen, Bootfahren, Segeln, Wandern oder Radeln – oder einfach am See entspannen. Außerdem sind Kultur, Natur und Action geboten; alles in allem ganz schön viel für einen Kurztrip!

Mit Station auf dem Wohnmobilstellplatz Plau am See direkt im Ort oder dem abgelegenen, unglaublich idyllischen Wasserwanderrastplatz Bermudadreieck sind zahlreiche Aktivitäten gut erreichbar, allen voran das maritime Plau am See.

CHARMANTER LUFTKURORT IN TOLLER LAGE

Erste Erwähnung fand Plau am See mit seinem heutigen Ortsteil Quetzin bereits im 10. Jahrhundert. Auf der Kohlinsel im Plauer See befand sich nämlich die slawische Burg Quetzin, die nach ihrer Zerstörung 200 Jahre später am heutigen Stadtrand neu erbaut wurde. Sie mauserte sich bis ins 16. Jahrhundert zu einer großen Burganlage, deren Aufgabe es war, den wichtigen Handelsweg zwischen dem Ostsee-Zugang in Rostock und Brandenburg zu sichern.

Weitere zahlreiche Funde und Wallanlagen erinnern an die slawischen Siedlungen, die den Grundstein zum heutigen Ort legten. Plau kommt übrigens vom Slawischen »Plawe« und bedeutet »Flößerort«. 1235 erhielt Plau am See das Stadtrecht. Noch heute prägen die schmalen Gassen und verträumten und verwinkelten Fachwerk- und Backsteinhäuser der Ackerbürger die fotogene Altstadt. Besonders ragt der Burgturm aus dem 15. Jahrhundert heraus (wird derzeit restauriert), der als einziges Relikt der Burganlage überlebt hat. Der vollständig erhaltene Turm mit seinem elf Meter tiefen Verlies aus dem Jahr 1449 kann bestiegen werden, im Burgfried befindet sich außerdem das Heimatmuseum mit der Geschichte des Plauer Handwerks – Turm und Museum können von Ostern bis Oktober besucht werden.

Attraktion Nummer zwei der Altstadt ist die evangelisch-lutherische Marienkirche aus dem 13. Jahrhundert mit romanischen und gotischen Elementen. Es ist eine imposante Gewölbekirche mit einem 41 Meter hohen Kirchturm, von dem aus sich prächtig die Stadt und das Umland aus der Vogelperspektive betrachten lassen. Stilistisch etwas aus der Reihe fällt das Rathaus als niederländischer Renaissancebau. Im Herbst rankt wilder Wein an der Fassade, dann wirkt das Rathaus wie ein verwunschenes Schlösschen.

Wenden wir uns dem Wasser zu und damit dem größten Kontrast – denn hier wettfeiert ein durchaus maritimer Leuchtturm mit der eben gesehenen Altstadt mit ihrem mittelalterlichen Burgturm um die Auszeichnung, welches Bauwerk malerischer ist. Der 13,5 Meter hohe rote Leuchtturm prangt am Übergang vom Plauer See zur Müritz-Elde-Wasserstraße am Fischerhafen und ist über einen Steg erreichbar. Von der Aussichtsplattform des Leuchtturms aus hat man einen tollen Panoramablick. Der Spaziergang dorthin ist ein Erlebnis: Über die wunderschöne Strandpromenade geht es vorbei an schnuckeligen Hafencafés, Kiosken, an denen man Fischbrötchen zum Mitnehmen kaufen kann, und Restaurants – Sommerfrische pur. Viele Boote ankern an der Promenade und vor allem die alten Bootshäuschen, die so typisch für die Seenplatte sind und sich an der gegenüberliegenden Seite des Elde-Kanals aneinanderreihen, sind ein Augenschmaus.

Das Wohnmobil kann man am Straßenrand entlang der Straße An der Metow in der Nähe der Fahrgastschifffahrt Wichmann parken (gebührenpflichtig mit Parkschein). Geht man von hier entlang der Promenade statt zum Leuchtturm in die andere Richtung, gelangt man zu der ungewöhnlichen Hubbrücke, die ein technisches Denkmal ist. Sie hebt sich, wenn Boote durchfahren und senkt sich anschließend wieder. Damit ermöglicht sie die Passage etwas größerer Schiffe. Ein sehenswertes Schauspiel. 1916 erbaut, wurde sie 1945 vor der Sprengung bewahrt und 1991/92 rekonstruiert. Gesäumt wird die Hubbrücke von sehr guten Restaurants, die zum Teil direkt am Flussufer Hängematten oder Liegestühle haben, in denen es sich entspannt einen Cocktail trinken und dem Schleusenvorgang zuschauen lässt – das ist wahres Urlaubsfeeling!

Plau am See mit allen Ortsteilen kann man auch bequem an Bord der nostalgischen Plauer Stadtbahn erleben. Die Bahnen starten am Schiffsanleger An der Metow von Mai bis September täglich außer Freitag stündlich ab 10.35 Uhr. Betreiber ist die Fahrgastschifffahrt Wichmann.

Und wer noch ein bisschen Action sucht, kann sich im Kletterpark Plau am See austoben und sich in luftigen Höhen durch den Abenteuerwald hangeln. Mit mehr als 40 Kletterstationen in unterschiedlichen Schwierigkeitsstufen ist der Park nicht nur ein Ziel für geübte Profis, sondern auch für ungeübte Kletterer und Familien. Wer nicht so hoch hinaus will, kann ganz bodenständig den Barfuß-Erlebnis-Lehrpfad begehen, der sich ebenfalls auf dem Gelände befindet.

▲ Malerisches Ufer des Plauer Sees ◀ Bootshäuschen säumen die Müritz-Elde-Wasserstraße. ▶ Nostalgische Hubbrücke

Am Ende der Strandpromenade bewacht der Leuchtturm See und Hafen.

WASSER IN ALLEN HIMMELSRICHTUNGEN

Auch wenn Plau am See nicht selbst schon ein entzückender Ort wäre, würde allein seine Lage absolut überzeugen: Am Westufer des Plauer Sees, an der Müritz-Elde-Wasserstraße sowie außerdem am westlichen Zugang zur Müritz-Region, wird hier nicht nur Wasserfanatikern alles in hoher Konzentration geboten, was die Region zu bieten hat.

Der **Plauer See** ist mit fast 39 Quadratkilometern der drittgrößte See in Mecklenburg-Vorpommern (und der siebtgrößte ganz Deutschlands). Naturnahe Uferbereiche und Buchten bieten beste Bedingungen, um Vögel zu beobachten – auch seltene Vögel wie Fischadler und Seeadler haben hier ihr Zuhause.

WIE SO MANCHES GEWÄSSER der Mecklenburgischen Seenplatte umgibt auch den Plauer See ein Radrundweg – der jedoch aufgrund der großen Ausdehnung des Sees entsprechend lang ist. Es geht unter anderem vorbei am Aussichtsturm Moorochse mit Blicken auf das Naturschutzgebiet und die Vogelwelt und am Ausstellungszentrum Karower Meiler (siehe Ziel 14).

Wer den See vom Wasser aus erleben möchte, dem stehen zahlreiche Angebote zur Verfügung: Angeln wird ganz groß geschrieben, wofür man führerscheinfrei 5-PS-Motorboote mieten kann; auch alle anderen Arten von Booten, Kanus und Wassergeräten gibt es zu mieten – natürlich auch ohne zu angeln und für die sportliche Betätigung beispielsweise beim Wasserskifahren. Zudem kann man sich an Bord eines Fahrgastschiffes von einem der beiden Unternehmen Fahrgastschifffahrt Wichmann oder Salewski MS Loreley begeben und sich gemütlich über den Plauer See schippern lassen.

Auch eine Fahrt als Kapitän auf dem Hausboot oder ein Segeltörn sind möglich. Denn der Plauer See gilt wegen seiner guten Windverhältnisse als hervorragendes Segelrevier, was sich auch darin manifestiert, dass jedes Jahr zahlreiche zum Teil internationale Regatten und Seglertreffen auf ihm stattfinden.

Der Fluss Elde schlängelt sich mit insgesamt 208 Kilometern durch den Süden und Südwesten Mecklenburg-Vorpommerns und ist somit der längste Wasserlauf des Bundeslandes. Er verbindet als Müritz-Elde-Wasserstraße das südliche Ende der Müritz mit der 180 Kilometer entfernten Ortschaft Dömitz. Über diese Wasserstraße ist der Plauer See zudem mit dem Kölpinsee, dem Fleesensee und der Müritz verbunden (siehe Nr. 11). Eine Wasserparty der besonderen Art ist übrigens das traditionelle Badewannenrennen auf der Elde, die eine besonders gute Rallyestrecke bietet. Mit kreativen Ideen und originell kostümiert begeistern die Teilnehmer ihr Publikum. Entlang der Strecke wird ein buntes Unterhaltungsprogramm geboten. Das Event findet immer am zweiten Juliwochenende statt. Ein weniger exotischer als vielmehr kulinarischer Genuss sind die Müritz-Fischtage Ende September. Dann werden in den Restaurants der Stadt die köstlichsten Fischspezialitäten angeboten.

◀ Plauer Rathaus mit Herbstverfärbung ▶ Altstadtimpression

AUF EINEN BLICK

STADT/REGION: Plau am See/Müritz-Elde-Wasserstraße
BESTE REISEZEIT: Mai bis September
OPTIMALE REISEDAUER: 1–2 Tage
TOURISTINFO: Touristinfo Plau am See,
Haus des Gastes, Burgplatz 2, 19395 Plau am See,
Tel. 038735/456 78, info@plau-am-see.de,
plau-am-see.de

SEHENSWÜRDIGKEITEN

BURGTURM PLAU AM SEE: Burgplatz 2, 19393 Plau am See,
Tel. 038735/443 75, www.burgmuseum-plau.eu
STADTKIRCHE ST. MARIEN: Kirchplatz 3, 19395 Plau am See,
Tel. 038735/402 00
KLETTERPARK PLAU AM SEE: Ziegeleiweg (Klüschenberg),
19395 Plau am See, Tel. 038735/81 97 38, www.kletterpark-plau.de
FAHRGASTSCHIFFFAHRT WICHMANN (AUCH PLAUER STADTBAHN):
Schiffsanleger: An der Metow, 19395 Plau
am See, Tel. 038735/444 49, www.fahrgastschifffahrt-wichmann.de
FAHRGASTSCHIFFFAHRT SALEWSKI MS LORELEY:
Ziegeleiweg 4, 19395 Plau am See, Tel. 038735/428 72,
fa.salewski@t-online.de, fahrgastschifffahrt-plau.de

WOHNMOBILSTELLPLATZ SCHWEDENHOF/ ALTER STALL

ADRESSE: Seestraße 37, Daschow, 19386 Gallin-Kuppentin,
Tel. 0176/34 90 91 45, meckschwedenranch@web.de
ANFAHRT: Ab Plau am See über die B103 in nördliche Richtung bis
Abzweig Quetziner Straße fahren. Auf diese nach links abbiegen,
durch Plauerhagen durch, dann geradeaus auf die Schlossstraße
fahren. Der Platz folgt linker Hand.
GPS: N 53°30'00'', E 12°10'01''
Ein richtiges Kleinod: Für einen Stellplatz außergewöhnlich naturnah,
idyllisch, liebevoll angelegt und ruhig. Die 35 Wohnmobile stehen auf
einer Wiese und es gibt viel Schatten und Privatsphäre. Plau am See

◀ Nordisches Flair auf der Schwedenranch ▶ Geheimtipp Bermuda-Dreieck

ist etwa zehn Kilometer entfernt (südöstlich des Stellplatzes). Wasser, Strom, Ver- und Entsorgung vorhanden, ebenso W-LAN, ein Grillplatz und eine Waschmaschine. Kostengünstig, sehr gutes Preis-Leistungs-Verhältnis. Einen halben Kilometer entfernt befindet sich ein Badesee mit Sanitäranlagen.

WASSERWANDERRASTPLATZ BERMUDA DREIECK

ADRESSE: Rosenallee An der Elde-Brücke, 19386 Gallin-Kuppertin, Tel. 0173/647 81 13, hans-j.oeck@t-online.de, familie-oeck.de
ANFAHRT: In Kuppertin Richtung Broock fahren, nach ein paar hundert Metern links in den Waldweg einbiegen; bis zur Schranke des Campingplatzes durchfahren.
GPS: N 53°29'28'', E 12°08'14''

Idyllischer, naturnaher und abgeschiedener geht es kaum. Dieser Campingplatz liegt inmitten der Natur, an einem Waldstück, direkt an der Müritz-Elde-Wasserstraße. Es ist ein kleiner, familiär geführter Platz mit Zufahrt über einen Waldweg. Die Zeit kann man sich mit schönen Waldspaziergängen vertreiben oder Kanus und Hydrobikes (Mischung aus Tretboot und Fahrrad) mieten.

ES GIBT EINE GRILLMÖGLICHKEIT, aber am Platz bietet auch ein Bistro leckeres, hausgemachtes Essen (eine Spezialität des Hauses sind die Bratkartoffeln!), frischgezapftes Bier und einen Biergarten.

In einem Container sind neue Sanitäranlagen untergebracht. Morgens kommt ein Bäcker an den Platz. Boote schippern vorbei beziehungsweise legen für die Nacht an – es ist ein absoluter Geheimtipp!

LANDSCHAFTS-PARADIES DER SEENPLATTE

Vielfalt im Naturpark Nossentiner/Schwinzer Heide

Auf viele Arten den Naturpark hautnah erleben

Das Gebiet ist dünn besiedelt, das bedeutet, die Natur kann sich ungestört entfalten und das tut sie auch: 50 Prozent der Naturparkfläche sind mit Wald bedeckt, 60 Seen bilden für sich schon eine eigene Seenplatte, seltene Tier- und Pflanzenarten fühlen sich wohl. Ein Paradies für Tier- und Naturliebhaber!

Die Nossentiner/Schwinzer Heide im westlichen Bereich der Mecklenburgischen Seenplatte breitet sich auf einer Fläche von 350 Quadratkilometern aus. Zum größten Teil besteht sie aus Waldfläche, Seen, Flüssen, Grünland, Acker, Moor und Heide. Im Naturpark entspringen die Flüsse Nebel und Mildenitz. Innerhalb des Parks liegen 15 Naturschutzgebiete, die knapp 20 Prozent der Fläche ausmachen. Von den beiden Plätzen Camping am See Alt Schwerin oder dem Stellplatz an der Marina Malchow aus sind die Städtchen und Landschaftsziele des Naturparks gut erreichbar.

INSELSTADT ZWISCHEN ZWEI SEEN

Malchow ist zweifellos einer der Besuchermagnete der Mecklenburgischen Seenplatte – und zwar völlig zu Recht. Hat Malchow doch neben der schnuckeligen historischen Altstadt, dem Malchower See und dem schicken Stadthafen auch eine aktive Drehbrücke, ein nostalgisches DDR-Museum und eine alte Klosteranlage zu bieten.

Malchow liegt – die Bezeichnung »Inselstadt« verrät es bereits – zwischen zwei Seen und zwar dem Plauer See im Westen und dem Fleesensee im Osten. Ursprünglich wurde die Stadt auf einer Insel auf dem Malchower See errichtet (und zwar bereits im zehnten Jahrhundert), weshalb die schöne Altstadt sich auch heute noch auf einer Insel befindet. Man kann bei einem Bummel die zahlreichen Läden kennenlernen oder in einer der Gaststätten einkehren – oder auch nur die hübschen kleinen Fachwerkhäuschen bewundern. Das Rathaus aus dem Jahr 1821 und das Amtsgericht, das sich in einem eindrucksvollen Verwaltungsbau befindet, sind besonders sehenswert.

Nach einem verheerenden Brand auf der Insel im Jahr 1721 erlaubte Herzog Carl Leopold den Bürgern, die Stadt auf dem Festland wiederaufzubauen. Dadurch entstanden die neuen Stadtteile Alt-Malchow und die Neustadt. Das hatte eine Dreiteilung der Stadt zur Folge und seitdem verbinden ein

Erddamm und die Drehbrücke die Altstadt auf der Insel zu beiden Seiten mit den Stadtteilen auf dem Festland. Die Insel bietet demzufolge die Möglichkeit, den Malchower See an dieser Stelle zu überqueren.

Attraktion und Wahrzeichen des Ortes ist die Drehbrücke in der Neustadt, die die Insel im Westen mit dem Festland verbindet. Zu jeder vollen Stunde wird sie mit großem Aufheben zur Seite gedreht, um Schiffe durchzulassen. Das hat schon fast Volksfestcharakter, denn viele Leute versammeln sich, um diesem Schauspiel beizuwohnen. Die Fahrgäste auf den Schiffen, die die offene Brücke passieren, winken den Zuschauern zu und es wird viel fotografiert. Erst 2013 wurde ein bis dahin existierendes Provisorium durch die aktuelle, 15 Meter lange und moderne Stahl-Drehbrücke ersetzt. 20 000 Boote und Schiffe passieren jährlich diese Stelle, die engste zwischen Plauer See und Müritz. Autofahrer dürfen es indes nicht eilig haben, denn für die Dauer des Spektakels ist der Verkehr auf der Straße, die ja über diese Brücke führt, lahmgelegt.

Bei der Drehbrücke befindet sich auch der Stadthafen am Ufer der Müritz-Elde-Wasserstraße. Neben Liegeplätzen für Motor-, Segel- und Hausboote legen an der Mole direkt am Hafen auch die Fahrgastschiffe an. Für eine individuelle Bootsfahrt gibt es Verleihe und Wassertaxen.

Ebenfalls in der Neustadt lädt das DDR-Alltagsmuseum zu einer Zeitreise ein. Untergebracht in einem alten Filmpalast der DDR und schon rein äußerlich ein Museum werden Gegenstände, Einrichtungen und Informationen aus DDR-Zeiten präsentiert. Sowohl komplette Zimmereinrichtungen, wie sie in DDR-Wohnungen zu finden waren, als auch ganze Verkaufsstellen mit alten Registrierkassen und DDR-Lebensmitteln gehören zu den aufwendigen Exponaten. So manche Besucher erklären ihren Kindern die Gegenstände, die einst ihren Alltag geprägt haben. Die Dame an der Kasse erzählt sogar, dass manche sich die ausgestellten Kleidungsstücke anziehen, um sich darin fotografieren zu lassen und sich in die früheren Zeiten zurückzuversetzen. Interessante Infos zu den Themenbereichen Kino, Hochzeit, Schulanfang, Jugendweihe, Arbeitsleben, Mode, Foto-, Fernseh- und Rundfunktechnik sowie die Welt des DDR-Spielzeugs bereichern den Besuch. Nicht nur für ehemalige DDR-Bürger ist die Nostalgie des Museums faszinierend, dazu tragen auch die ausführlichen Beschreibungen bei, die in die verschiedenen Themenbereiche einführen.

◀ Nachgebildeter HO-Verkaufsstand im DDR-Museum ▲ Ähnlichkeit mit einem Telefon? Fehlanzeige! ▼ Skurriles im Kuriositätenmuseum

In unmittelbarer Umgebung des Museums gelangt man zur Stadtkirche, die ebenfalls an der Kirchenstraße liegt, und ein Stück weiter nördlich folgt die schmucke alte Stadtwindmühle, eine Galerieholländermühle. Sie beherbergt bei freiem Eintritt mehrere unterschiedliche Ausstellungen auf drei Böden: eine Fotoausstellung mit der Dokumentation der Restaurierungsarbeiten ab 1995, Relikte aus der Mühlengeschichte und – thematisch etwas ungewöhnlich für diesen Ort – eine Ausstellung zum Thema »Schamane, Götze, Sagenwelt. Ur- und frühgeschichtliche Spuren im Malchower Raum«. Nebenan kann man sich beim Malchower Keramikzirkel mit handgefertigten Souvenirs versorgen.

Parkplätze für kleinere Wohnmobile gibt es beim Stadthafen. Größere Fahrzeuge können am Parkplatz neben dem Wohnmobilstellplatz an der Marina Malchow (Ziegeleiweg 5) geparkt werden (zwei Kilometer bis zur Innenstadt von Malchow).

Wenden wir uns dem östlichen Stadtbereich vom Malchow zu. Hier findet man die Klosteranlage mit der neugotischen Klosterkirche, die als Konzertsaal und Standesamt genutzt wird. Außerdem gehört ein großer Park zur Klosteranlage, der »Engelscher Garten« genannt wird, Mitte des 19. Jahrhunderts angelegt wurde und über einen alten Baumbestand verfügt. Dort lässt es sich herrlich spazierengehen und die Stille genießen. Das Kloster, das 1298 gegründet wurde und in dem die Nonnen vom Orden der Magdalenerinnen lebten, wurde 1572 umgewandelt in einen Stift adliger Damen – diese Funktion behielt es bis zum Jahr 1918 bei.

Innerhalb der Kirche und des ehemaligen Pfarrhauses kann man im Mecklenburgischen Orgelmuseum den Klängen historischer Orgeln lauschen, die Geschichte und die Technik des Orgelbaus nachvollziehen und selbst an einer Modellorgel spielen.

Ein weiteres, nicht ganz alltägliches Museum ist nur ein kurzes Stück entfernt, das Museum Kiek in un wunner di. Hinter dem lustigen Namen verbergen sich Kuriositäten und Raritäten aus dem Lebensalltag der ersten Hälfte des 20. Jahrhunderts. Zu besichtigen sind ein vollständiges Klassenzimmer, eine Schusterwerkstatt, eine Druckerei, ausgefallene Dinge wie ein »Tefifon« (ein Aufnahmegerät aus den 1950er-Jahren) und eine Toilette mit Sandspülung. Anfassen und ausprobieren ist ausdrücklich erwünscht.

AFFEN UND RODELN OHNE SCHNEE

Ein Ausflugsziel nicht nur für Familien mit Kindern sowohl von Malchow aus als auch vom Standort Alt Schwerin (siehe unten) ist die Kombination Sommerrodelbahn und Affenwald, etwa drei Kilometer nordwestlich des Stadtzentrums von Malchow.

Im Affenwald springen Berberäffchen in Großfamilien auf einem riesigen Naturgelände frei herum. Ist es sonnig, toben sie sich in einem Fichtenwald aus, wo sie es nicht nur schattig haben und sich zurückziehen können, sondern auch zwischen den Baumkronen herumturnen können. Die neugierigen und agilen Äffchen stammen aus Marokko, sind sehr zutraulich und haben keinerlei Kontaktprobleme mit den Menschen. So kann man ihnen beim Spielen, Essen und bei der Aufzucht ihrer Jungtiere zuschauen, muss aber immer ein Auge auf seine persönlichen Sachen haben – gerade das Junggemüse stibitzt gerne mal etwas …

So zutraulich die Affen auch sind, man sollte sie keinesfalls anfassen oder füttern, denn sie können auch beißen. Mehrere Schilder weisen darauf hin. Man sollte selbst auch nicht essen, während man im Gehege unterwegs ist. Am besten betrachtet man das bunte Treiben von einer Bank aus. Inzwischen ist der Affenwald auch um eine kleine Schafsherde bereichert – es handelt sich um Quessant-Schafe, die kleinste Schafsrasse der Welt, die aus der Bretagne stammt.

Auf demselben Gelände befindet sich eine Sommerrodelbahn. Durch ihre mäßige Steigung ist sie für jede Altersklasse geeignet, auch für kleinere Kinder (die bereits ab drei Jahren in Begleitung rodeln dürfen). Über 30 Höhenmeter geht es über sieben Steilkurven und sechs Schikanen bergab. Hinaufgezogen wird man mit einem Schlepplift. Wer nicht alleine fahren will oder noch nicht darf, für den gibt es einen Doppelrodel.

◄ Auf Tuchfühlung mit den munteren Gesellen im Affenwald
▲ »Festland« von Malchow ▼ Familienspaß auf der Sommerrodelbahn

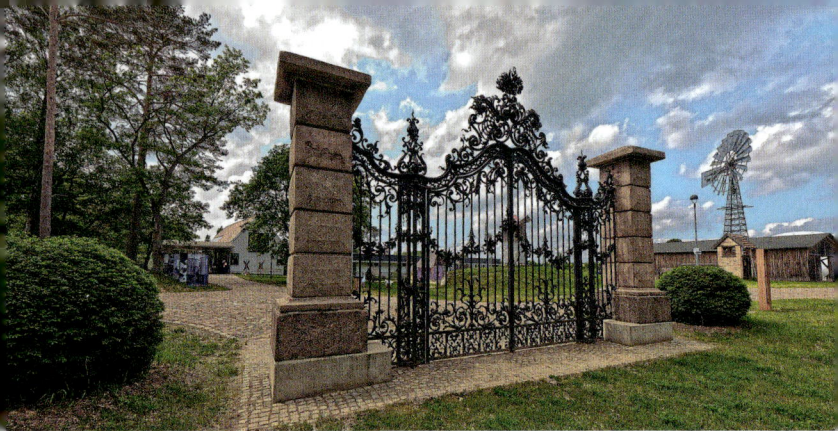

▲ Hereinspaziert! Das Gutstor lädt ins Museumsdorf ein. ◀ Das Eingangsgebäude des AGRONEUM ▶ Informationszentrum Karower Meiler

EIN DORF ALS MUSEUM

Im Westen der Mecklenburgischen Seenplatte nennt sich ein Ort »Museumsdorf«: Alt Schwerin. Wie kommt es zu dieser Bezeichnung? Nicht etwa wegen einer außergewöhnlich großen Anzahl von Museen, sondern weil schlicht das ganze Dorf selbst ein großes Museum ist. Alt Schwerin liegt am Tauchowsee, zwischen dem Drewitzer See und dem Plauer See. Urkundlich erstmals 1289 erwähnt, war Alt Schwerin zunächst ein Bauerndorf, nach dem Dreißigjährigen Krieg wandelte es sich in ein Gutsdorf. 1733 wurde das herrschaftliche Gutshaus im typischen, norddeutschen Rotklinker errichtet. Um dieses Herrenhaus herum entstanden nach und nach die Gebäude eines Gutsbetriebes.

Dieses Arrangement ist der Mittelpunkt des Freilichtmuseums AGRONEUM, ein agrarhistorisches Museum, das 1963 eröffnete. Auf einem großen Ausstellungsgelände gibt es unter anderem eine Dorfschmiede, eine Stellmacherei, einen Traktorpavillon, eine Holländer-Windmühle und eine Seilerei zu besichtigen. Anhand von Vorführungen und mit Relikten aus allen möglichen Epochen wird ein umfangreicher Einblick in die Guts- und Landwirtschaftsgeschichte Mecklenburgs gewährt. Sowohl die Landbevölkerung und ihr Leben in teils ärmlichen Katen als auch die beiden Weltkriege und die DDR-Zeit werden thematisiert. Landwirtschaftlich geprägte Aktionen und Veranstaltungen, jahreszeitliche Feste und internationale Oldtimer- und Traktorentreffen machen Alt Schwerin zusätzlich zu einem Erlebnisdorf.

Durch die landschaftliche sehr schöne Lage inmitten des Naturparks Nossentiner/Schwinzer Heide ist Alt Schwerin auch ein Ziel für aktive Urlauber. Ob auf einer Radtour mitten hinein in den Naturpark oder auf einer Fahrt mit einem Ausflugsschiff ab der Insel Werder, einem Bad an einer der zahlreichen Badestellen oder bei einer Wanderung in die Natur – Alt Schwerin ist ein guter Ausgangspunkt für Aktivitäten aller Art. Vom herrlich gelegenen Platz Camping am See Alt Schwerin aus (siehe »Auf einen Blick«) sind alle genannten Unternehmungen bestens möglich.

Fischfans sollten auf keinen Fall einen Besuch der Fischerei und Räucherei Alt Schwerin verpassen. Es gibt im ausgezeichneten Fischrestaurant »Zur Forelle« nicht nur leckeren frischen oder geräucherten Fisch aus dem Plauer See, sondern man kann auch Fisch zum Mitnehmen kaufen oder sogar ein Boot mieten und/oder selbst angeln.

MODERNE IM STALLGEBÄUDE

Zwischen Alt Schwerin und Karow liegt direkt an der B192 der Karower Meiler, das Kultur- und Informationszentrum des Naturparks Nossentiner/ Schwinzer Heide. Das klingt trocken und verwaltungstechnisch, ist es aber ganz und gar nicht. Das auffällige, ehemalige Stallgebäude beinhaltet eine Ausstellung, die ihresgleichen sucht. Modern gestaltet und multimedial aufbereitet, detailliert und liebevoll werden in der ständigen Ausstellung

»Der Naturpark Nossentiner/Schwinzer Heide, eine geschützte Kulturland-schaft in Mecklenburg-Vorpommern« die Entwicklung des Naturparks sowie deren Flora und Fauna präsentiert. Dioramen, Präparate mit Tieren und fliegenden Seeadlern, ein Hörraum mit Stimmen aus der Natur und eine Reliefkarte, die man ertasten kann, sowie weitere Ausstellungsmodule und viele Informationstafeln geben einen eindrucksvollen Überblick über die Region. Und all das bei freiem Eintritt.

In der oberen Etage, die über eine Rampe erreichbar ist, finden Sonder-ausstellungen und Veranstaltungen statt. Auch der Außenbereich ist ansprechend und einladend gestaltet. An verschiedenen Stationen er-hält man Informationen, auf einem Lehrpfad werden Juniorranger auf Entdeckungsreise geschickt. Das sehenswerte Gebäude, das mit seinen schrägen Wänden einen Holzkohlemeiler symbolisieren soll, ist von einem hübsch blühenden Bauerngarten umgeben.

Ranger stehen zur Verfügung, um Fragen zu beantworten und Tipps für Wanderungen und Radtouren zu geben. Darüber hinaus kann man vor Ort Fahrräder mieten und Touren sowie Aktionen mit Rangern buchen, denn viele Exkursionen mit der Naturwacht des Naturparks beginnen und enden hier. Im Internet findet man das gesamte Jahresprogramm. Außerdem kann man im Eingangsbereich lokale Produkte wie Honig und Liköre erwerben.

Direkt vor der Tür gibt es sowohl wohnmobiltaugliche Parkplätze, als auch eine Haltestelle (Nr. 07a) des Rundbusses Plauer See.

ANSTRENGEND, ABER SEHR ABWECHSLUNGSREICH

Die Mecklenburgische Seenplatte kann man auf die unterschiedlichsten Arten erleben: bei einer Fahrradtour oder Bootsfahrt, beim Wandern oder während man mit dem Wohnmobil die herrlichen Alleen entlangfährt. Eine weitere Art, die alles ein bisschen miteinander kombiniert, ist eine Draisinenfahrt. Auf einer ehemaligen Bahntrasse strampelt man dabei wie auf einem Fahrrad durch die Lande und schnuppert dabei nicht nur Eisenbahnluft, sondern erlebt die abwechslungsreiche Landschaft durch Wälder und entlang von Feldern aus einer ganz anderen Perspektive. Die Strecke führt von Karow nach Borkow. Unterwegs sieht man oft Tiere. Das

Das ist ein Spaß! Auf alten Bahntrassen durch den Naturpark »radeln«.

Ganze ist allerdings keine Entspannungs-Tour, denn man braucht schon etwas Kraft, zumal man die Draisine hin und wieder umsetzen muss – wer den Strampelaufwand scheut, kann auf eine Draisine mit unterstützendem Elektromotor zurückgreifen.

Die Draisine wird entsprechend der gewählten Tour zwischen 9 und 12 Uhr an der Ausleihstation Damerow Kaserne bei Karow aufgenommen. Die eingleisige Strecke ist bis 13 Uhr in Richtung Borkow, danach in die andere Richtung freigegeben. Bis zu vier Personen finden Platz auf den Fahrraddraisinen, die über eine 7-Gang-Schaltung verfügen. Ausreichend viele Rastplätze entlang der Strecke sorgen für Pausen vom Strampeln und zum Genießen der Landschaft. Picknick nicht vergessen! Eine Reservierung ist unbedingt erforderlich.

Wer Lust auf einen kleinen »Triathlon« hat, kann eine Tages-Kombitour mit der Draisine, dem Kanu und dem Fahrrad starten: Nach 70 Minuten Fahrt und zehn Kilometern mit der Draisine wird in Goldberg aufs Kanu umgestiegen, es geht über die Mildenitz und den Dobbertiner See. Das dauert etwa zwei Stunden, es sind sechs Kilometer zu bewältigen. Am Schiffsanleger wird dann das Kanu gegen ein Fahrrad eingetauscht – über wenig befahrene Straßen geht es zurück nach Goldberg, was etwa eine Stunde dauert und neun Kilometer Wegesstrecke beinhaltet. Von Goldberg aus bringt die Draisine die erschöpften Triathleten zurück nach Karow.

AUF EINEN BLICK

STADT/REGION: Malchow/Naturpark Nossentiner/
Schwinzer Heide
BESTE REISEZEIT: Mai–September
OPTIMALE REISEDAUER: 2–3 Tage
TOURISTINFO:
MALCHOW: Touristinformation Malchow,
Kirchenstraße 11, 17213 Malchow, Tel. 039932/831 86,
info@tourismus-malchow.de, www.inselstadt-malchow.de
NOSSENTINER/SCHWINZER HEIDE: Ziegenhorn 1, 19395 Plau
am See, OT Karow, Tel. 038738/702 92,
inf-nsh@lung.mv-regierung.de,
www.naturpark-nossentiner-schwinzer-heide.de

SEHENSWÜRDIGKEITEN

DDR-ALLTAGSMUSEUM: Kirchenstraße 25, 17213 Malchow,
Tel. 039932/180 00, info@ddrmuseum-malchow.de,
www.malchow.m-vp.de/ddr-museum
STADTWINDMÜHLE MALCHOW: Friedrich-Ebert-Straße 9,
17213 Malchow, www.malchow.m-vp.de/stadtwindmuehle
KLOSTERANLAGE MALCHOW: Kloster 32-34, 17213 Malchow,
Tel. 039932/823 92, www.malchow.m-vp.de/klosterkirche-malchow

◀ Ostalgie im DDR-Alltagsmuseum ▶ Zeitreise bei Kiek in und wunner di

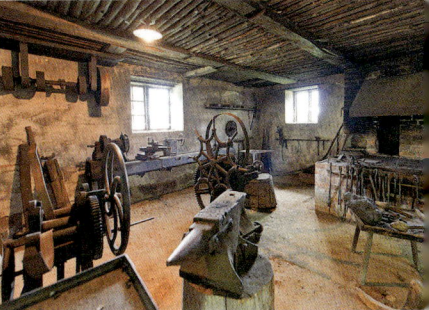

◄ Intakte Stadtwindmühle Malchow ▲ Gar nicht scheu sind die   Bewohner des Affenwaldes. ▼ Ausstellung im AGRONEUM

MECKLENBURGISCHES ORGELMUSEUM: Kloster 26, 17213 Malchow, Tel. 039932/125 37, orgelmuseum@freenet.de, www.orgelmuseum-malchow.de
MUSEUM KIEK IN UN WUNNER DI: Friedrich-Lessen-Weg 1, 17213 Malchow, Tel. 039932/126 02, info@kiekinunwunnerdi.de, www.kiekinunwunnerdi.de
SOMMERRODELBAHN & AFFENWALD MALCHOW: Karower Chaussee 6, 17213 Malchow, Tel. 039932/184 22, info@sommerrodelbahn-malchow.de, www.sommerrodelbahn-malchow.de
AGRONEUM ALT SCHWERIN: Achter de Isenbahn 1, 17214 Alt Schwerin, Tel. 039932/474 50, info@agroneum-altschwerin.de, www.agroneum-altschwerin.de
FISCHEREI UND RÄUCHEREI ALT SCHWERIN: Wendorf 4, 17214 Alt Schwerin, Tel. 039932/499 05, webmaster@fischereialt-schwerin.de, www.fischerei-alt-schwerin.de

KAROWER MEILER: Ziegenhorn 1, 19395 Plau am See, OT Karow, Tel. 038738/702 92, inf-nsh@lung.mv-regierung.de, www.naturpark-nossentiner-schwinzer-heide.de
MECKLENBURGER DRAISINENBAHN: Startpunkt: Damerow Kaserne 3, 19395 Karow, Postadresse: Röbeler Straße 49, 17207 Bollewick, Tel. 039931/545 06, info@draisine-mecklenburg.de, www.draisine-mecklenburg.de

WOHNMOBILSTELLPLATZ BOOTSHALLE MALCHOW/ MARINA MALCHOW

ADRESSE: Ziegeleiweg 5, 17213 Malchow, Tel. 039932/827 44, kontakt@bootshalle-malchow.de, www.bootshalle-malchow.de/wohnmobilstellplatze
ANFAHRT: Von der Altstadt Malchow aus über den Erddamm bis zur B192 fahren, dann nach rechts abbiegen, die Marina folgt 1,5 Kilometer nach der Abzweigung.
GPS: N 53°27'49'', E 12°25'24''
Sauberer Platz mit nicht-parzellierten Stellplätzen auf Wiesenuntergrund. Direkt am Malchower See hinter der Bootshalle gelegen mit

(entsprechend teureren) Plätzen am Wasser. Tolle Aussicht auf den See, die Boote und die alten Bootshäuschen. Kein Schatten vorhanden, auch kein W-LAN, dafür Strom, Wasser und alle Ver- und Entsorgungsmöglichkeiten. Duschen und Toiletten in der Hafenmeisterei. Es wird ein Brötchenservice angeboten, Bestellungen müssen bis 18 Uhr erfolgen. Das Zentrum von Malchow ist 3,5 Kilometer entfernt.

Toller Stellplatz am Wasser

CAMPING AM SEE ALT SCHWERIN

ADRESSE: An den Schaftannen 1, 17214 Alt Schwerin,
Tel. 039932/420 73, info@camping-alt-schwerin.de,
campingplauersee.de
ANFAHRT: Von der Ortsmitte Alt Schwerin über die B192 Richtung
Nordwesten fahren, der Campingplatz folgt nach etwa zwei Kilometern linker Hand.
GPS: N 53°31'22'', E 12°19'07''

Plätze mit Seeblick auf dem Camping am See Alt Schwerin

Direkt am Plauer See gelegener Campingplatz mit Stellplätzen für
Wohnmobile am See beziehungsweise am Ufer, weitere Stellplätze am
Waldrand. Große, parzellierte Plätze auf einer Uferwiese mit viel Privatsphäre. Jeder Stellplatz hat einen Stromanschluss. Ein Badestrand mit
flachem Seezugang (für Kinder geeignet) und ein Hundestrand sind
vorhanden, außerdem ein Multifunktionssportfeld, ein Bootsanleger
und ein kleiner Pub (mit kostenpflichtigem W-LAN). Es gibt mehrere
saubere Sanitäranlagen (sogar mit Kinderbad), Waschmaschinen
und Wäschetrockner sowie eine Küche mit Kochstellen. Täglicher
Brötchenservice. Gutes Preis-Leistungs-Verhältnis.

GOLDBERG UND KLOSTER ALS ZIELE

Die Dobbertiner Seenlandschaft im Mildenitztal

Beeindruckende Klosteranlage am Nordufer des Dobbertiner Sees.

Um den Dobbertiner See, der am nordwestlichen Rand des Naturparks Nossentiner/Schwinzer Heide liegt, gruppiert sich die eine oder andere Attraktion. Hervorzuheben sind die idyllische Kleinstadt Goldberg, das Kloster Dobbertin und das Mildenitz-Durchbruchstal. Eine vielfältige Mischung für einen Aufenthalt!

Den Mittelpunkt der Dobbertiner Seenlandschaft bildet der Dobbertiner See. Südlich davon liegt das Städtchen Goldberg und am nördlichsten Zipfel des Sees das imposante Kloster Dobbertin. Hier befindet sich mit dem Campingplatz am Dobbertiner See auch ein idealer Ausgangspunkt für die nachfolgenden Aktivitäten. Eine Wanderung durch das Mildenitz-Durchbruchstal ist ein Muss, wenn man in der Gegend ist.

ZENTRUM DER AKTIVITÄTEN

Der Dobbertiner See liegt am östlichen Rand des Landschaftsschutzgebietes Mittleres Mildenitztal und wird vom Fluss Mildenitz einmal von Süden nach Norden durchflossen. Er ist 5,5 Kilometer lang, seine Umgebung wird landwirtschaftlich genutzt.

»Leinen los« heißt es bei der Fahrgastschifffahrt Dobbertin. Mit der MS Condor geht es in einer mehrstündigen Fahrt entlang der Buchten des naturgeschützten Dobbertiner Sees – die intakte Flora und Fauna kann dabei besonders intensiv wahrgenommen werden, vor allem die seltenen Wasservögel im Schilf sind ein Erlebnis. Es gibt auch themengebundene Fahrten wir zum Beispiel eine Vogelbeobachtungsfahrt im Morgengrauen oder eine Abend- und Mondscheinfahrt mit Grillmenü an Bord.

Auf eigene Faust in See stechen kann man mit einem Kanu, das beim Fahrradverleih Dobbertin gemietet werden kann. Ebenso kann man den See mit einem Fahrrad umrunden und natürlich die Wanderschuhe schnüren. Rund um den See gibt es ausgedehnte Rad- und Wanderwege. Da der Dobbertiner See eine ausgezeichnete Wasserqualität hat, steht auch einem Bad nichts im Wege.

Der am Nordufer des Sees gelegene, namensgebende Ort Dobbertin gibt nicht viel her. Ein Restaurant und ein Café sind vorhanden, wenn ersteres wegen einer geschlossenen Gesellschaft nicht geöffnet ist, gibt es weit und breit nichts, wo man einkehren könnte.

Das Kloster Dobbertin ist ein ehrwürdiges Gemäuer.

ÜBERWÄLTIGENDE KLOSTERANLAGE

Unbenommen eine Attraktion ist das Kloster auf einer Halbinsel im Stadtbereich von Dobbertin. Es wurde um das Jahr 1220 als Benediktinerkloster
gegründet und 1234 in ein Nonnenkloster umgewandelt. Vor allem die
Klosterkirche aus dem 14. Jahrhundert ist sehenswert. Sie wurde von 1828
bis 1848 in neugotischer Ziegelarchitektur restauriert und ist die einzige
Kirche Mecklenburgs, die über einen Doppelturm verfügt.

Das denkmalgeschützte Kloster liegt am Ufer des Dobbertiner Sees und
ist durch den wunderschönen Park mit diesem verbunden. Nicht nur das
Kloster selbst, sondern auch die historischen Gebäude drumherum machen
den Reiz der weitläufigen Anlage aus. Im ausgedehnten Klosterpark kann
man bei einem geruhsamen Spaziergang nicht nur besondere Bäume
bewundern, sondern auch einen Lehrpfad erkunden.

Von Mai bis September finden samstags um 14 Uhr Führungen durch die
Klosteranlage statt. Will man das Kloster ohne Führung besuchen, ist
dies gegen ein geringes Eintrittsgeld möglich: Das mittelalterliche Kloster
erlebt man im Klausurgebäude mit dem Kreuzgang. Im Refektorium und
im Konventsaal wird im Rahmen von Ausstellungen die Geschichte des
Klosters präsentiert. Hier sind auch Sonderausstellungen zu sehen wie
beispielsweise eine Fontane-Ausstellung.

Eine grün markierte Route führt kostenlos über den Stiftsgang mit den Häusern des Damenkonvents, eine gelb markierte Tour (ebenfalls kostenlos) folgt dem romantischen Paradiesgang mit den naturnahen Sehenswürdigkeiten.

Seit 1960 leben in den historischen Gebäuden des Klosters geistig behinderte und psychisch kranke Menschen, die seit 1991 vom Diakoniewerk betreut werden. Sie bewirtschaften das Klostercafé (mit Seeblick) im Brauhaus und stellen in einer Werkstatt Produkte her, die Sie als Mitbringsel erwerben können. Bekannt sind die Werkstätten vor allem für die hier gefertigten Kerzen in allen Formen und Farben.

Das Wohnmobil kann auf einer sehr großen Parkplatzfläche kostenlos geparkt werden.

GOLDIGES STÄDTCHEN GOLDBERG

Die entzückende kleine Ortschaft Goldberg liegt sowohl am Dobbertiner See als auch am Rand des Naturparks Nossentiner/Schwinzer Heide (siehe Nr. 14). Liebevoll restaurierte, mittelalterliche Fachwerkhäuschen prägen das Stadtbild, ebenso das Rathaus aus dem Jahr 1832, die gotische Backsteinkirche und eine ehemalige Wassermühle aus dem Jahr 1727. In dieser sind seit den 1960er-Jahren das Heimatmuseum und inzwischen auch die Touristinformation (wegen Restaurierung derzeit in die Lange Straße ausgegliedert) untergebracht. Außerdem finden hier das ganze Jahr über wechselnde Ausstellungen zur heimischen Flora und Fauna, Archäologie, Geologie und zur Stadt- und Handwerksgeschichte statt. Das Gebäude ist von einem kleinen Bauerngarten umgeben. Ein idyllischer Spaziergang entlang der Mildenitz führt zur ehemaligen Wassermühle.

Durch die Altstadt von Goldberg führt ein drei Kilometer langer Stadtrundgang. Er ist mit braunen Hinweisschildern markiert, denen man folgt und so an allen Sehenswürdigkeiten vorbeikommt. Bei der Touristinformation kann man sich darüber informieren und einen Flyer mit einem Plan mitnehmen, auf dem die verschiedenen Stationen (unter anderem Kaiserliches Postamt, Kriegerdenkmal des Deutsch-Französischen Krieges, Rathaus und Kirchen) eingetragen sind.

In Goldberg findet man viele kleine, authentische Winkel.

Die Durchgangsstraße Lange Straße ist übrigens die Hauptgeschäfts-
zone der Stadt. Das Wohnmobil kann man entlang dieser Straße oder
am Sportplatz abstellen.

Die Umgebung von Goldberg besticht durch die zahlreichen Seen, reizvollen Wälder und eine abwechslungsreiche Wald- und Feldlandschaft.
Neben der Ruhe und Beschaulichkeit, die das Städtchen ausstrahlt, ist
das landschaftliche Umfeld der entscheidende Faktor für die große Bedeutung des Tourismus. Die Mildenitz ist bei Wasserwanderern sehr be-
liebt, über das gut ausgebaute Rad- und Wanderwegenetz lernt man die
Natur kennen. Eine Radtour integriert zahlreiche ehemalige Herren- und
Gutshäuser und interessante Kirchen.

Außerhalb des Ortes auf einer Anhöhe überblickt die Goldberger Windmühle den Goldberger See. Es ist eine Galerieholländer-Windmühle, die
bis 1953 mit Wind- und bis in die 1960er-Jahre mit Motorkraft betrieben
wurde. Nachdem die Mühle lange Zeit verfiel, wurde sie 2005 saniert,
äußerlich wieder als Mühle instandgesetzt, und im Inneren hat man Ferienwohnungen eingerichtet.

DER EINSTIEG IN DIE WANDERUNG durch das Mildenitz-Durchbruchstal ist nicht ganz einfach zu finden. Knapp vier Kilometer nach der Ortsmitte von Dobbertin zweigt ein Weg von der B192 nach links in den Wald ab und führt etwa 700 Meter weit unasphaltiert (aber für Wohnmobile gut möglich) zu einem Parkplatz gegenüber einem Rastplatz mit überdachten Picknickstellen. Hier startet die schöne, 4,5 Kilometer lange Wanderung zunächst an der Mildenitz entlang. Zahlreiche Tafeln informieren über die Besonderheit des Gebietes, auch idyllische Picknickplätze sind vorhanden. Der Reiz der Wanderung liegt darin, dass die Natur komplett sich selbst überlassen ist; die Mildenitz sucht sich hier den Weg durch eine Endmoräne, deren Hänge bis zu 15 Meter hoch sind. Eine Brücke wird erreicht, danach eröffnet sich ein Blick auf den Schwarzen See (an den man jedoch nicht direkt herankommt). In einem leichten Auf und Ab führt der Weg anschließend durch den Wald bis zu einer Schranke, an der man links auf einen breiten Weg einbiegt (die Verlängerung der Fahrstraße). Es geht an der Alten Mühle vorbei, die eigentlich keine Mühle, sondern eine Ferienunterkunft ist, dann gelangt man wieder an den Parkplatz.

Überdachte Picknickplätze am Startpunkt der Mildenitz-Wanderung

HISTORISCHER ABSTECHER

Um DDR-Ostalgie geht es im Ort Dabel. Unter dem Titel »Zeitreise durch den Alltag der DDR« werden im dortigen DDR-Museum seit 2016 Alltagsgegenstände präsentiert, die die Besitzerfamilie aufwendig zusammengetragen hat: Lebensmittel, Alkoholika, Hygieneartikel, technische Geräte (darunter die erste vollelektrische Waschmaschine), Werkzeuge, natürlich dürfen der legendäre Trabant und Wartburg nicht fehlen, Spiel- und Schreibwaren, aber auch Amtliches wie Ausweispapiere – es gibt eigentlich nichts, was es hier aus DDR-Zeiten nicht zu sehen gibt.

▲ Willkommen in der DDR! ▼ Relikte mit Ostalgie-Charme

Der Eingangsbereich ist verziert mit Hammer, Zirkel und einem Konsumschild. Besuchen kann man dieses außergewöhnliche Museum von Mitte April bis zum 3. Oktober immer mittwochs und sonntags von 12 bis 17 Uhr (Gruppen jederzeit nach Voranmeldung). Zu den Öffnungszeiten des Museums kann man sogar Original-Softeis aus DDR-Zeiten, produziert von einer alten Eismaschine, kosten. Die liebevoll und üppig gestaltete Ausstellung befindet sich auf dem Gelände eines ehemaligen Kinder-Ferienlagers des VEB Calbe. Die heutigen Besitzer haben Inventarstücke des ehemaligen Bestandes zurückbehalten und mit der Unterstützung durch andere Urlauber über die Jahre ergänzt, sodass heute ein bunter Querschnitt durch die DDR-Zeit zu sehen ist.

▲ Historische Mühle Dabel ▼ Spaziergang an der Mildenitz in Goldberg

Auf dem großen Gelände finden sich neben dem Museum das Feriendorf Storchennest mit dem Gasthaus »Omas Dorfküche«, in dem es Kuchen und Speisen nach Omas Rezepten sowie Grillspezialitäten gibt. Es finden auch immer wieder Sonderveranstaltungen (wie beispielsweise eine DDR-Modenschau) statt. Ein Blick auf die Homepage mit den aktuellen Hinweisen lohnt sich.

Etwas außerhalb des Dorfes und einsam auf weiter Flur steht die Holländermühle Dabel. Sie wurde 1892 errichtet und ist bis heute noch technisch komplett ausgestattet, kann jedoch nicht besichtigt werden. Lange Zeit war die Mühle Mittelpunkt der Dabeler Dorffestspiele, der Tanz auf dem Sackboden hatte Kultstatus.

AUF EINEN BLICK

STADT/REGION: Goldberg/Dobbertiner Seenlandschaft
BESTE REISEZEIT: Mai–Oktober
OPTIMALE REISEDAUER: 1–2 Tage
TOURISTINFO: Tourismusverein Wälder, Seen & mehr Goldberg-Mildenitz e.V., derzeit Lange Straße 63, 19399 Goldberg, Tel. 038736/411 33, info@waelder-seen-mehr.de, www.waelder-seen-mehr.de

SEHENSWÜRDIGKEITEN

MS CONDOR FAHRGASTSCHIFFFAHRT DOBBERTIN:
An der Mühle 2, 19399 Dobbertin, Tel. 0172/302 93 16, mscondor@dobbertin.de, www.ms-condor.de
FAHRRADVERLEIH DOBBERTIN MIT KANUVERMIETUNG: An der Mühle 4, 19399 Dobbertin, Tel. 0173/622 32 07, koch.dobbertin@icloud.com, www.fahrradverleih-dobbertin.de
KLOSTER DOBBERTIN: Am Kloster, 19399 Dobbertin, Tel. 038736/861 00, diakoniewerk@kloster-dobbertin.de, www.kloster-dobbertin.de
EHEMALIGE WASSERMÜHLE: Müllerweg 2, 19399 Goldberg
DDR-MUSEUM DABEL: Lindenstraße 13a, Tel. 038485/203 12, info@ddr-museum-mecklenburg.de, www.ddr-museum-mecklenburg.de

CAMPINGPLATZ AM DOBBERTINER SEE

ADRESSE: Am Zeltplatz 1, 19399 Dobbertin, Tel. 0174/737 98 37, dobbertincamping@aol.com, www.campingplatz-dobbertin.de
ANFAHRT: Über die B192 nach Dobbertin fahren, dort auf den Kleestener Weg in westliche Richtung abbiegen, Straße geht in die Schulstraße über, von dieser nach links auf An der Mühle, der Straße bis zum Ende folgen.
GPS: N 53°37'08'', E 12°03'52''
Direkt am Dobbertiner See liegt der Campingplatz mit Badestrand, die idyllischsten Stellplätze befinden sich demzufolge am Wasser und auf einer großen Wiese im hinteren Bereich des Platzes. Sie sind nicht parzelliert, verfügen über Strom und sind abgetrennt von den Plätzen

Freie Platzwahl auf dem Campingplatz Dobbertiner See

der Dauercamper. Es führt ein Wanderweg durch den Campingplatz. Außer sonntags gibt es einen Brötchenservice. Für den großen Platz steht nur ein Sanitärhaus (mit münzbetriebenen Duschen) zur Verfügung, was etwas wenig ist. Jeder Gast bekommt einen eigenen Schlüssel für die Toiletten. Waschmaschine vorhanden. Der Platz und seine Einrichtungen sind zwar etwas in die Jahre gekommen, was aber mehr als wettgemacht wird durch die gute Lage und die Naturnähe.

CARAVANCAMPING HUBERT

ADRESSE: Badestrand 6, 19399 Goldberg, Tel. 038736/439 40, campinghubert@web.de, www.campingp-hubert.de
ANFAHRT: Von Goldberg aus über die B192 in nördliche Richtung fahren. Nach zwei Kilometern zweigt nach rechts die Straße Badestrand ab; dieser kurz folgen und geradeaus weiter, der Platz folgt rechter Hand.
GPS: N 53°36'25'', E 12°06'18''

Überschaubarer, liebevoll und persönlich geführter Platz, kein Massencampen, am westlichen Rand des Naturparks Nossentiner/Schwinzer Heide. Der ruhige Platz liegt auf einer kleinen Anhöhe, nur etwa 50 Meter vom öffentlichen Strand des Goldberger Sees entfernt. Sowohl sonnige als auch schattige, nicht-parzellierte und sehr großzügige Stellplätze. Wasser- und Stromanschlüsse vorhanden. Wer Ruhe und einen großzügigen Stellplatz sucht, ist hier richtig. Es gibt eine Grillecke mit Gemeinschaftsgrill und ein Restaurant in der unmittelbaren Umgebung des Platzes. Fahrräder, Kanus und Boote können geliehen werden.

ORTS- UND SACHREGISTER